超解釈

サルトルの教え

人類最強の哲学者に学ぶ
「自分の本質」のつくり方

堤 久美子

光文社

プロローグ
人生は今ここから始めればいい

大先生《おおせんせい》　あなたは誰ですか？

久美子　久美子です。東京で会社員をしています。

大先生　聞いているのは、名前でも、仕事でも、住所でもない。あなたは誰ですか？

久美子　はっ？　何を聞かれているのかわかりません。どう答えればいいのかもわからないです。

大先生　あなた、自分が誰かわからないで生きているの？

久美子　えっ？　「誰か」ってどういうこと？　私はいったい誰？

＊

それは25年前のこと。私は会社に勤めていて、毎日仕事が終わると、ある塾に通っていました。大人の行く塾。いわば、生き方を教える塾です。そこで、出会った大先生の教えによって、私は生き方をガラリと変えました。

何も考えず、毎日を無意識に、ただ面白おかしく生きていた20代の私が、人生を真剣に考えるようになり、「人生の本質」をつくり、30代からはやりたいことだけをやって生きてきました。今は人生をかけるだけの価値ある目的を見つけ、毎日しあわせだと言い切れる人生を歩んでいます。

私の人生の軸となっているのは、大先生の教えです。

●今までどうだったかは関係がない。

●過去は消していい。

●人生は、「今ここから始める」ことができる。

●「自分としてどう生きるか」を見つけなさい。

●自分を未来に投げ出して、今を自由に生きてごらん。

あとになってわかったことですが、その大先生の教えの根本には、ジャン＝ポール・サルトルによる哲学がありました。

サルトルは、フランスが生んだ、西洋哲学の巨匠です。

1905年に生まれ、1966年には、来日もしています。日本でも大変人気が高く、同じ年に来日したビートルズに負けないくらい熱狂的な歓迎を受けたと言われます。当時発売された「サルトル全集」は300万部の大ベストセラーに。作家の大江健三郎氏や映画監督の故大島渚氏など、日本を代表する多くの文化人にも影響を与えました。

哲学というと、難しいことが難しい言葉で語られ、限られた知識階級の人たちのものと思われがちですが、サルトルの哲学は違いました。

一般の人にも広く愛されたのです。

第二次世界大戦後、世界は混乱し、多くの人が「どう生きるか」悩んでいました。そのよりどころになったのが、サルトルが説いた「実存主義」でした。

サルトルの教えは、わかりやすく、いたって実践的でした。

閉塞《へいそく》した社会でどう生きたらいいかわからず、戸惑う人々に、「人生はすべて自分で選べる。自由に生きたまえ」

というメッセージを送ったのです。人々は心を解放し、未来に明るい希望を持ちました。

サルトルの哲学には、主に次のような骨子《こっし》があります。

「一人ひとりの人間が絶対的な自由を持っている」

「人間は、自分自身で自分の在り方をつくり上げるものであり、それ以外の何者でもない」

「人間は何を選ぶのも自由。ただし、すべての責任を負わなければならない」

「自分を未来に投げ出して、自由に生きていい」

「自分の行動の責任には、社会や人類の未来への責任も含まれる」


人々を行動に導いた、サルトルの教えは、「行動の哲学」と言われました。サルトル自身、自分の哲学を実践し、「行動する哲学者」と称されました。

サルトルの有名な考えに「アンガージュマン（自己拘束《こうそく》、社会参加）」があります。「あなた方は人間として生まれてきたのだから、社会参加をしなければならない」と強く訴えたのです。サルトル自身、ナチス支配下のフランスでレジスタンス活動を行ったり、多くの政治的発言もしました。

小説家、劇作家としても人気が高く、その著書は膨大な数にのぼり、印税は相当な額だったと想像されます。しかし、それを貯めこむことはなく、亡命者たちなどに惜しみなく資金援助をしていたと言われます。

常に、弱者や虐《しいた》げられた人たちと連帯した哲学者でした。

私はそんなサルトルに惹《ひ》かれ、長年、個人的に研究を重ねてきました。

加えて、件《くだん》の大先生のあとを引きついで、ビジネスパーソンや、会社の経営者、主婦の方々、そして高校生から小学生までに、サルトルの哲学を生き方の戦略として伝えることを生業《なりわい》にしてきました。

サルトルの哲学は、実践的で効果が出やすいのが特徴です。

学びに来た方々からは、「人生が変わった」「やっと自分らしい生き方を見つけた」「会社での成績が上がった」「売上が上がった」「甲子園に出場できた」などの喜びの声が続々と届いています。

本書では、「大人に生き方を伝授するパーソナルな塾の女性塾長サルトル先生と、そこに通う塾生たちとの問答」というスタイルで、サルトルの教えをベースにした、人生のよりよい生き方、考え方をわかりやすくお伝えしていきます。
「サルトル先生」が女性であることに違和感を抱く方もいらっしゃるかもしれません。この「サルトル先生」は、私と大先生の2人がミックスした存在だとお考えください。サルトルの教えをしっかり身につけた2人の女性が合体して一つの人格になった、という言い方もできます。

そして問答の内容は、実際の塾生たちの話に基づいたフィクションになっています。難しい哲学の言い回しや用語はほとんど使わず、どなたにも理解できる内容を心がけました。

ご自身が塾生になったつもりで問答に参加し、自分自身の人生に問いかけながら読むことをおすすめします。くり返すうちに、きっと新しい自分を発見できるでしょう。そう、人生は今ここから始めればいいのです。
ひとりでも多くの方が、本書からヒントを得て「自分の本質」をつくり上げ、自分らしい人生を歩んでいただけるようになれば、幸いです。

堤　久美子

デザイン・DTP／ISSHIKI（デジカル）
編集協力／山本時嗣
構成／クロロス・小川真理子
図版／株式会社キンダイ

登場人物

サルトル先生

「大人のための塾」の塾長。女性。年齢不詳。いつも冷静沈着。塾生の人生を発展させることを生きがいとする。

大木祐介

20代の男子学生、大学で文学を学ぶ。「父との関係がうまくいかない」と嘆いている。

野中大介

若いビジネスパーソン。恋人あり。「お金の問題」を抱えている。

山下店長

30代の男性。運営を任されている居酒屋の業績が振るわず、悩んでいる。

梶田真佐美

外資系の証券会社で働く社会人5年目の20代女性。仕事か、結婚か、生きがいか、揺れに揺れ、人生の途中で迷子になっている。

服部敬一

30代男性。会社を辞めてしばらく旅をし、その後、起業をしたいと目論《もくろ》む。しかし、会社を辞めることにはためらいがある。

田中康二

ある会社の課長職の男性。部下のミスが多いこと、新入社員がすぐに辞めることで頭を抱えている。

高校球児の山内君、野口君

ある高校の野球部のエース投手と4番打者。目指すのは、なかなか果たせない甲子園初出場の夢。

閑静な住宅街に、ひっそりと建つ古めかしい洋館。

看板はない。知る人ぞ知る「大人のための塾」だ。

教える科目はただ一つ。「今を生きる方法」。

講義を受けられるのは1日1組だけ。

人生を深めたい、

人生に迷っている、

人生に奇跡を起こしたい、

そんな思いを持つ人たちが次々と門を叩く。

教室は壁一面に本が並ぶ書斎風の空間。

正面のアンティークチェアに腰かけているのが塾長だ。

メガネをかけた細身の女性で、年齢は40代か、50代か、60代……。

つまり、年齢不詳。

誰が名づけたか、サルトル先生と呼ばれている。

STORY 1

事実と解釈を区別すれば問題は解決する

まず、第一に
理解しなければならないことは、
自分が理解していない
ということである。

ジャン＝ポール・サルトル

今日、人生を学びにやってきたのは、大木祐介さん（21）。私立大学の国文科に通う学生だ。「最近、父親との関係がうまくいかない」と悩んでいる。

「嫌い」は存在しない

大木　最近、父とあまりうまくいってません。顔を合わせても口をきく気がしません。父のことを思い出しただけで、気が滅入《めい》ってきます。はっきり言って、嫌いですね。

サルトル先生　嫌い？　嫌いというのは、あなたの解釈ですね。**この世の中に「嫌い」は存在しません。**

大木　「嫌い」は存在しない？

サルトル先生　あなたは、「嫌い」という「物」を見たことがありますか？

大木　は？……ありませんし、意味がわかりません。

サルトル先生　「嫌い」は物として存在していませんよね？

大木　……。たしかに存在していないです。

サルトル先生　よろしい。いつ、どこで、何があったのですか？
大木　……。
サルトル先生　言いにくそうね。でも、ちゃんと話してもらわないとわからないから、がんばって打ち明けてみて。
大木　先週の日曜日、実家のリビング・ルームでのことです。
サルトル先生　そこには誰がいたの？
大木　私と父です。
サルトル先生　2人だけ？
大木　そうです。
サルトル先生　そこで、何があったの？
大木　父に批判されたんです。
サルトル先生　どんなことを批判されたの？
大木　僕、大学の仲間と一緒に、ちょっとした評論集をつくったんです。最初は、自己満足でいいかなと思っていたのですが、思いの外しっかりとした作品になったので、「電子書籍にして売ろう」ということになりました。

週末、印刷したものを家で読んでいると、父が帰ってきました。父も大学時代、国文学を専攻していたので、「読んでみて」と原稿を渡しました。

サルトル先生　お父様は、読んでくれた？

大木　その場で、パラパラッと斜め読みをしていました。そして突然、「くだらない。こんなの文学論でもなんでもない。時間のムダだ」と言って、原稿をテーブルの上に投げ出したんです。

サルトル先生　具体的にどの部分を読んで「くだらない」と言ったの？

大木　最初のほうのページです。そして、すぐに「こんなの誰も読まないよ。おもしろくない」と苦々しい表情で言ったんです。めちゃくちゃへこみました。

サルトル先生　大木さんと言いましたね。あなたは、電子書籍をつくって売ろうとしていた。つまり、ビジネスにしようとしたんですね。そこには、どんな思いがあったのですか？

大木　ネットで販売して教授や編集者の目に留まれば、研究者の道が開けたり、紙の本として出版できるかもしれない、という目論見《もくろみ》もありました。

サルトル先生　つまり、その評論集は、あなたの将来を左右する可能性があるということですね。
それほどまでに大事な原稿なんだから、「こんなの誰も読まない」「おもしろくない」と批判されたくらいで、へこんだり、傷ついたりしている場合じゃありませんね。逆に、お父様の反応に対し、「それは、興味深いですね。で、どこがおもしろくないんですか？」と聞くべきでした。

大木　どういうことでしょうか？

サルトル先生　いいですか。お父様が、「おもしろくない」と言ったのはお父様の解釈です。「何が、おもしろくなかったのか」ということを、実在論的に明らかにしていく必要があったのです。

大木　実在論的に明らかに？

サルトル先生　簡単に言えば、「何が在ったのかを明らかにする」ということ。実在論というのは、「在る論」、つまり、「何が在るのか？」「何が起こっているのか？」「何が存在しているのか？」を具体的に明らかにしていく考え方です。在ったこと（＝実在したこと）にスポットを当てる学問とも言えます。

大木さんはお父様の解釈を聞いて終わりにするのではなく、お父様の中に「何が在ったのか」を聞いていくべきだったのです。お父様が評論集を読んだときに、何が在ったのか、つまり、どの部分で「おもしろくない」「くだらない」という感想を持ったのか。その観点で、2人でとことん話をしていくと、互いの理解が深まって、お父様の感想が変わったかもしれないし、大木さんも原稿を修正する上で参考になったかもしれない。

存在には「即自存在」と「対自存在」がある

大木　「実在論的に明らかにする」について、もう少しくわしく教えてください。

サルトル先生　いいでしょう。事故を例にお話ししますね。
あなたが車を運転していたとき、後ろから追突されたとします。あなたも、ぶつけた相手もケガはなかった。でも、あなたの車のリアバンパーが大きく凹《へこ》んでしまった。
そのとき、あなたは、どうしますか？

大木　「大変だ」と焦ると思います。きっと、かなり動揺してしまうだろうな。

サルトル先生　なるほど。今、あなたが言ったことを2つに分けて考えてみて。

大木　2つですか？　被害者と加害者とか、そういうことですか？

サルトル先生　そういう分け方もありますが、実在論的には、もっと違う観点から分けられます。つまり、区別します。

基本的なことから説明しましょう。**存在には「即自存在《そくじそんざい》」と「対自存在《たいじそんざい》」があります。**

大木　「即自」と「対自」ですか？

サルトル先生　そうです。

簡単に言えば、「即自存在」は「物」、「対自存在」は「意識」と考えることができます。もっと言えば、「即自存在」は「即自分」、つまり、「すぐ自分」ですから、実際に在る（＝「事実」「実存」）と捉えられます。

一方の「対自存在」は、自分に対してどういう存在であったかということ、「解釈」「意識」「感情」としての存在です。

大木　ちょっと、待ってください。頭を整理したいです。

「即自存在」＝「事実」「実存」
「対自存在」＝「解釈」「意識」「感情」

ということですか？

サルトル先生　そうです。即自存在は「実際に在る」ことで、対自存在は「実際には無いけれども、解釈としては在る」ということです。

大木　事故の場合だったら、実際に起こったこと、つまり、交通事故そのものが「即自存在」で、その事故を大変だとした解釈が「対自存在」ですか？

サルトル先生　大木さんは理解が速い。そういうことです。

交通事故そのものは、誰が見ても動かしようがないものです。実際に在った、たったひとつのこと。

しかし、その交通事故への解釈は、何通りもあります。世界の人口が76億人だとすれば、76億もの解釈が出てくるかもしれません。

大木　でも先生、ちょっと違うんじゃないでしょうか。誰でも、交通事故に遭《あ》ったら、「大変だ」と思うのではないですか？

サルトル先生　それは本当ですか？　誰でも「大変だ」と思いますか？

大木　はい。

サルトル先生　今回、例に挙げた交通事故では誰もケガはしなかったわけです。そうすると、もしかしたら、「誰もケガがなくてよかった！　自分はなんてラッキーなんだ」という解釈をする人もいるかもしれない。

あるいは、「ちょうど、車を買い替えようと思っていたところだし、保険が下りるなら、まあよしとしよう」と思う人もいるかもしれないですよね。

大木　う〜ん……。言われてみれば、たしかにそうですね。

まずは「現実」を理解する。「解釈」はあと

サルトル先生　人は何かが起きたときに、物事を1つのこととして見てしまいがちです。「交通事故に遭ってしまった！　大変だ」と。

でも本当は、自分の人生に何かが起きたときには、2つのことが同時に起きているのです。

くり返しになりますけれど、それが、「即自存在」と「対自存在」、つまり、実際に起きた「事実」と、それに対する「解釈」です。解釈には、「意識」「感情」も含まれ

ます。

大木　「事実」と「解釈」の2つに分けて考えることに、何かメリットがありますか。

サルトル先生　あります。1つは、落ち着いて行動ができることです。

交通事故が起きてしまった。何をするべきか。そうだ、警察と保険会社に連絡しよう、と、すぐに次の行動に移ることができる。解釈は、あとでゆっくりつければいいんです。

大木　解釈は自分でつけられるのですか？

サルトル先生　もちろん！　どんな解釈をつけようと自由です。ショックなことが起きたとしても、楽しい未来につながるような解釈をつけてもいいのです。

そもそも、人は起きたことにネガティブな解釈をつけがちです。自分の生命を危険から守るために、何か起きたらまずは「危ない」と考えるようにできているんですね。

もちろん、ネガティブな解釈をつけることが悪いとはいいません。自由ですから。

ただ、ネガティブな解釈をする前にまずすべきことは、**「事実として何が起きているかを理解すること」です。**そうすれば、『実際にある』ことだけを見て、その解釈はあとで自らつける」という習慣もつくられます。「解釈は自分しだい」と思うと、生きるのがずいぶん楽になりますよ。

大木　なるほど。

サルトル先生　「事実」と「解釈」の2つに分けて考えることのメリットの2つ目は、問題解決のスピードが速くなる点です。

唐突ですが、あなたは警察から事情聴取を受けたことはありますか？

大木　……あ、あります。電車のホームで、友人が酔っ払いと「肩がぶつかった」「わざとじゃない」と押し問答になり、やがて胸ぐらのつかみ合いになりました。僕も友人と一緒に駅の事務室まで連れて行かれ、警察官から事情聴取を受けました。

サルトル先生　そのとき何を聞かれましたか？

大木　「実際に何が起きたか」だけを聞かれました。

サルトル先生　そうでしょうね。

大木　ホームのどのあたりにいたのか。そこで、誰が何をやったのか、つまり、「実際に何が起きたかだけを話してほしい」と言われました。

「僕たちは別に悪くありません。あっちが先にカッとなって言いがかりをつけてきたんです」とムキになって話したら、「今は、あなたの考えや、あなたがどう思ったかは、話さなくていい」とピシャリとはねつけられました。

サルトル先生　事実を事実として話す。解釈は解釈として話す。これによって、話の内容は速く正確に伝わります。だから、警察など法の執行機関に属する人は、両方を分けて聞くのです。両方をごちゃまぜに話すから、混乱が起きます。

大木　たしかにそうですね。

サルトル先生　物事には、即自と対自がある。そのことをいつも心に留めておくと、何か事が起きたとき、自分を冷静に観察するクセがつくようにもなります。

大木　クセですか？

サルトル先生　習慣といってもいいでしょう。

腹痛で病院に行ったとき、ドクターに「今、おなかが痛いです」と言えば、その「痛い」はあなたの解釈です。

その痛みを観察して、「しくしく」なのか、「キュルキュル」なのか、「ズキンズキン」なのかをドクターに伝えると、適切な診断につながり、それに合った処置をしてもらえる確率が高まります。このように、いつも自分を観察することが大切です。

心の中でこっそり期待するから裏切られる

サルトル先生　話を元に戻しましょう。

大木さんの場合も、お父様との間に実際に起こったことだけを見る、つまり、お父様に「評論集がおもしろくない」と言われたことだけを具体的に明らかにすることが大事なのです。お父様に対する解釈、感情は、あとでつければいいということです。

大木　ずっと父とのことを引きずっていましたが、「嫌い」と思っていたのは、自分の解釈にすぎなかったのですね。「解釈を自分で変えてもいい」ということを聞いて、気持ちがずいぶん楽になりました。

サルトル先生　それはよかった。

大木　……あのとき、僕はほめてもらいたかったんです。

サルトル先生　お父様に？

大木　はい。「がんばったね」と。

サルトル先生　期待したんですね。

大木　ええ、期待しました。誰だって、親にはほめてもらいたいじゃないですか？

サルトル先生　それは本当ですか？　誰だって親にほめてもらいたい？

大木　おっといけない。言いすぎました。誰だってほめてもらいたいかどうかは、わかりません。少なくとも、僕は親にほめてもらいたい。

サルトル先生　ほめてもらいたいなら、「ほめてもらいたい」と口にして体の外に出したほうがいいんです。「今日は、お父さんにほめてもらいたいと思って、自分たちでつくった原稿をもってきました。読んでください」と。そうしたら、お父様はきっと読んでほめてくれたでしょう。「よくがんばったね」と。

大木　そんなものでしょうか？

サルトル先生　期待しているのに、そのことを口に出さないからおかしなことになるんです。期待していることは、事実として口に出して存在させることです。心の中だけに留めてモヤモヤさせない。口に出せば、たいていは裏切られません。

大木　たとえば、誰かにプレゼントをするときもですか？

サルトル先生　相手があなたのプレゼントに対して喜ぶことを期待するのなら、直接「何が欲しい？」と事前に聞くことです。欲しいものを渡せば、相手は喜んでくれるでしょう。

大木　サプライズでプレゼントをしたいときは？

サルトル先生　「驚かせたかったから、自分でいいと思ったものを買ってきちゃった。プレゼントそのものは、気に入ってもらえるかどうかわからないけど」と言って渡す。相手が驚いてくれたとしても、驚いてくれなかったとしても、それで終わり。あげたものを本人が気に入るか、気に入らないか、それはあなたが関係することではない。

大木　驚いてくれたら、あなたの期待通りだったということになりますが。

サルトル先生　せっかくのプレゼントを、たとえば、ほかの人にあげたりしてもですか？

大木

サルトル先生　そうです。気にしない。もし、気になるなら、欲しいものを聞いてからプレゼントすることです。

――その後、大木さんは、もう一度、父親に評論集を見せに行き、「本当はほめてもらいたかった」ということを伝えた。父親は「よくがんばった」とほめ、それをきっかけに、親子の関係は改善したという。今度、国文科の先輩後輩どうしで、大木さんが評論集に取り上げた作家のゆかりの地を訪ねるのだそうだ。

サルトル先生の授業のポイント

常に「何が在ったのか（事実）」を理解すると混乱が起きない。
期待するなら口に出すこと。そうすれば、裏切られない。

コラム1

何もないところに自分を投企せよ

ジャン＝ポール・サルトルは、著書『存在と無』（松浪信三郎訳）の中で次のように書いています。

「人間は、自分が現にあるところのものであらぬように、言い換えれば、自分がいまだあらぬものであるように、かなたへ向かってつねに自己を投げかける存在である。人間は、単にあるところのものであるような事物存在とは異なっていて、つねに自己の外へ、いまだあらぬかなたへ向かって、現にある自己から脱出していく存在である。企ては、自己からのこのような脱出のうちにのみある」

簡単に言うと、石は石であって、石でしかない。けれど、人間は石などの物とは違い、欲望や感情がある。自分が今いるところではなく、まだ自分がいないところ、つまり何もない未来へ、自分を投げ出しながら生きている存在だ、ということです。

石（物）は「あるがまま」にありつづけるもの

人間は自分で自分をつくり出せる

もっとわかりやすく言えば、人間は常に、何もない未来に向かって自分をつくり出していく存在ということ。人間は「自分で自分の未来をつくっていく存在」ということなのです（自分を投げ出しながら生きることを「投企」といいます。「投企」については94ページでくわしく触れます）。

もし、今自分が何者でもないと感じていても、心配することはありません。今この瞬間から未来に向かって自分をつくっていける、ということです。

STORY 2

自己への質問で真にやるべきことを明らかにする

悲しむことはない。
今の状態で何ができるかを考えて、
ベストを尽くすことだ。

（ジャン＝ポール・サルトル）

春の暖かな日曜日、人生を学びに来たのは、若いビジネスパーソンの野中大介さん。
「お金の問題」を抱えているという。

その赤字、本当に事実なの？

野中　今月、ひどい金欠なんです。本当に困っちゃって……。

サルトル先生　金欠？

野中　そうです。今、春先の異動シーズンですよね。歓送迎会などの飲み会の誘いがひっきりなしだったんです。付き合いで全部参加していたら、財布が空っぽになっちゃって。

　恋人には白い目で見られるし、行きたかった旅行にも、もちろん行けないだろうし……。そもそも生活ができません。このままだと、絶対に来月も赤字になります。

サルトル先生　赤字は「事実」ですか？　それとも、あなたの「解釈」ですか？

野中　「事実」か「解釈」か、ですか？

サルトル先生　事実は、行動、実際に起きたこと、体験などを言います。解釈は事実と対になるもので、概念、行動の帰結・結果、過去の記憶などがあります。

野中　なるほど。赤字は、僕が勝手に解釈しているわけじゃないから、事実です。

サルトル先生　いえ、違いますね。赤字は解釈です。

野中　解釈ですか？

サルトル先生　赤字という事実は無いのです。それは解釈であり、もっと言えば、概念です。１００万円足りないのも赤字だし、50万円足りないのも赤字です。

誤解を恐れずに言うならば、**ひとつの質問に対し、人によっていろいろな答え方ができるものは、概念です。もう少し説明すると、概念は、認識している物事についての共通の特徴だということです。**

で、あなたの場合の事実はどうなの？

野中　事実ですか？

サルトル先生　そう、事実です。あなたの今月の収入はいくらですか？

野中　20万円です。

サルトル先生　今月の支出はいくらですか？

野中　22万円です。

サルトル先生　2万円足りないわけですね。

野中　そうです。足りなくて、家賃が払えないんです。

サルトル先生　では、あなたにとっては、「2万円足りなくて、家賃を全額払えない」というのが事実ですね。

野中　たしかにそうです。

「在りたい自分」と「現状の自分」の差をどう埋めるかを考える

サルトル先生　で、あなたはどうしたいの？

野中　どうしたいか、ですか？

サルトル先生　もっとわかりやすくいえば、**今、どんなあなたで在りたいですか？**

野中　家賃もすっかり払い終えて、ちゃんとしている自分で在りたいです。

サルトル先生　現実のあなたと、在りたいあなたとのギャップ（＝隔たり）はどこにありますか？

野中　「家賃を払っていない」こと？

サルトル先生　そうです。「在りたいあなた」から、「現実のあなた」を引くと、ギャップが明らかになり、あなたがやるべきことがわかってきます。それは、ギャップを埋めることです。単純ですが、大切な考え方です。

では、あなたのギャップを埋めるには、どうすればいいの？

野中　2万円をどうにかすること？

サルトル先生　そうですね。家賃をどうするかについて、あなたにはいくつか選択肢があります。たとえば、どこからか2万円を調達して家賃を払うか、それとも、いっそ踏み倒すか、といったところですが、どうしますか？

野中　さすがに、踏み倒そうとまでは考えてません。

サルトル先生　払うとすれば、いつまでに払うのですか？

野中　今月末までです。

サルトル先生　今月末までに払うには、どうすればいいですか？

野中　誰かから借りるとか。

サルトル先生　借りるとすると、誰から借りますか。

野中　兄貴かな。

サルトル先生　借りられないとすれば、どうすればいいですか？

野中　大家さんに一部だけでも払い、残りは来月まで待ってもらうよう交渉しにいくとか。

サルトル先生　そうですね。あなたがやるべきことは、赤字や金欠に頭を悩ますことではなく、具体的に、赤字がいくらで、その赤字によって、いくら払えないのかを明らかにすること。つまり、２万円足りなくて家賃が全額払えないことを明確にし、具体的にどうするか対応策を考えること。その対応策を考えるために欠かせないのが、事実と解釈をごちゃまぜにしないということなのです。

事実と解釈に記憶がミックスし、事実が見えなくなる

野中　事実と解釈はどうしてごちゃまぜになってしまうのですか？

サルトル先生　何か起きたとき、人間の頭の中では次のようなことが起こります。

①実際に何かが在る（お金を使いすぎて、母親に「金使いが荒い。生活費の中でやりくりできないと生活が破たんする」と怒られる）

②①が記憶になる

③次に何かが在る（お金を使いすぎる）

④③の何かが在ったときに、②の記憶が③とこんがらがって、解釈となって存在するようになる（「前も同じこと在ったっけ？」と思う）

⑤やっぱりそうだと判断する（「やばい、生活が破たんする」と思う）

⑥そのうち、何もかもが今のことではなくなる。つまり起きたことが過去に起きたこととイコールになる

⑦実際に在ることが見えなくなる（「家賃が払えていないだけ」という事実が

見えなくなる）
⑧さらに記憶がこんがらがってくる
⑨今起きていることと、記憶が1つになってしまう

野中　なるほど。事実と記憶がこんがらがって解釈が生まれ、事実が見えなくなってしまうのですね。

サルトル先生　そうです。もっと言えば、事が実際に起きているのは「今」ですが、解釈は「記憶」に基づいています。両者を混同して、**過去の記憶によって今を生きているから、ごちゃごちゃの人生になってしまうのです。そうではなく、事実と解釈とを区別すれば、今を効果的に生きることができる**のです。

野中　どうすれば、事実が見えるようになりますか。

サルトル先生　今、私があなたにしたように、事実の会話を扱うようにすることです。**「事実は何？」「何が在ったの？」「実際に何が起きたの？」ということを、自分にひたすら問いかける。実際に在ったこと（事実）と無かったこと（解釈）を区別していきます。**

もっと言えば、「いつ」「どこで」「誰が」「何を」を明確にしながら、自分の中で会

話をしていくことで、事実がより鮮明に見えてきて、やるべきこともわかってきます。

逆に、解釈、つまり「なんで」「どうして」で会話はしないことです。

事実が見えると、それに対して、やるべき行動も見えてくる。見えてきた行動を実行に移すことで、解決していくのです。

まずは、事実だけを扱うことで、物事が効果的に進むというわけです。


――その後、野中さんは、すぐに兄からお金を借りて、家賃を払った。以後、常に「事実」と「解釈」を分けて考えるようになり、お金のことで悩むことはなくなった。

サルトル先生の授業のポイント

悩みは「事実」と「解釈」がごちゃまぜの状態。「事実」をより具体的に考えていくと、解決策が見えてくる。

コラム2

「実存は本質に先立つ」

ジャン＝ポール・サルトルは、「実存は本質に先立つ」と言いました。

そもそも、「実存」や「本質」とは、どういう意味でしょう。

ここにボールペンがあるとします。これは、実際に存在している。これが実存です。ただ、「ここにある」ことだけを指します。

「本質」は、根本的な性質、概念のことです。ボールペンでいえば、何が本質になるのか。「書くもの」ということです。

ボールペンの場合は、本質が実存に先立ちます。つまり、「何か書くものがあると便利だからつくろう」という目的（＝本質）が先にあった。そして、ボールペンがつくられたのです。

だから、実存する。つまり、ボールペンの場合には、本質が先で、実存は後になります。「本質は実存に先立つ」ということになるのです。

物は本質から実存する

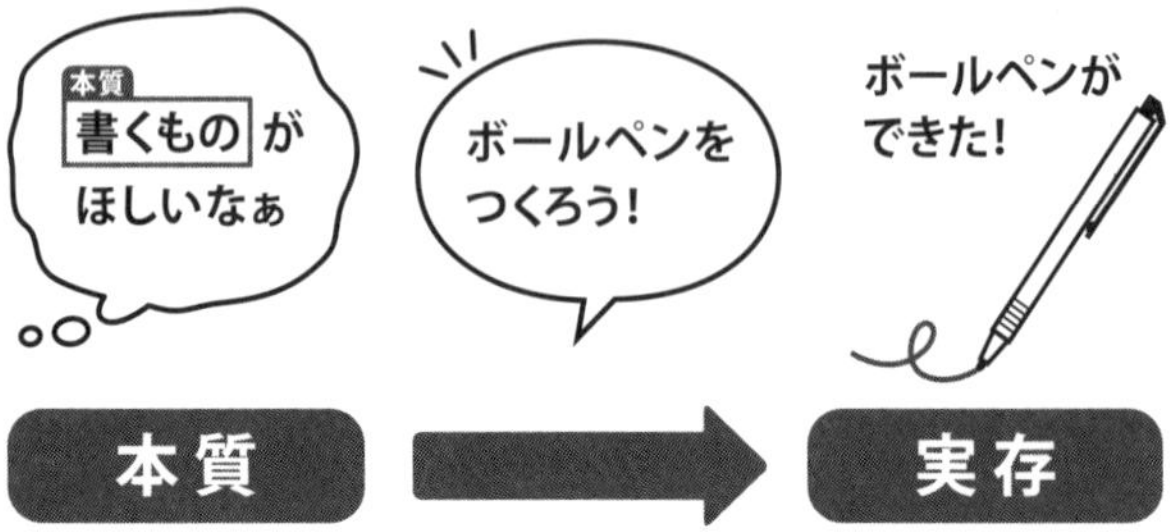

人間は実存が先。「自分が何になるか」をつくる

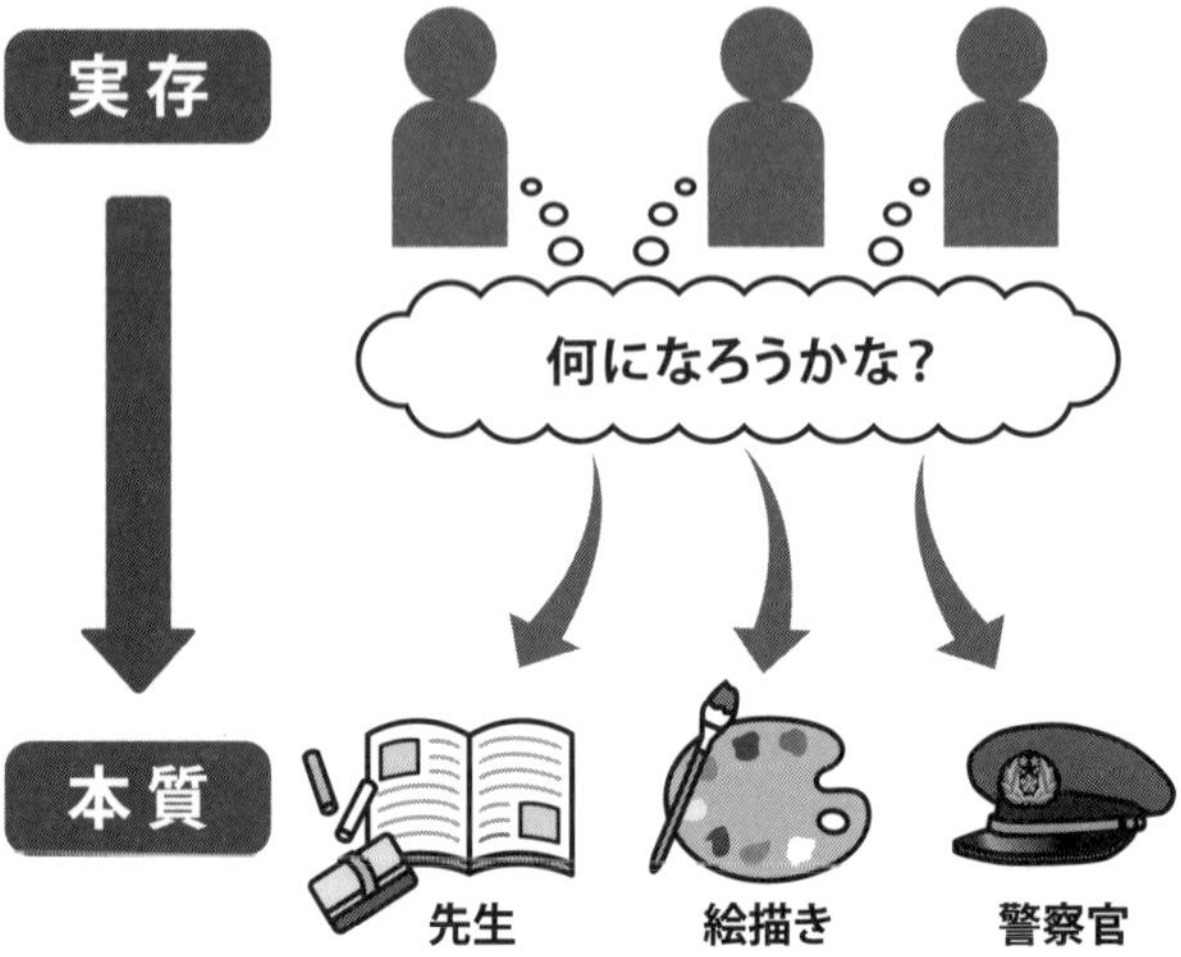

椅子も、「座る」という本質が先にあって、つくられたから実存していることになります。つまり、物の場合は「本質が実存に先立つ」のです。

でも、人間は逆です。人間は「実存が本質に先立つ」のです。

つまり、目的とか、何かの概念があって存在しているのではなく、まず存在して、そのあとに本質をつくれるということです。

人間の場合は、先に存在があって、あとから本質を選べます。

たとえば、鈴木さんという警察官がいたとします。この鈴木さんは、オギャーとこの世に出てきたときに、制服を着て、警察官（＝本質）として誕生したわけではありません。まずは生まれて（＝実存して）、そのあとで自ら警察官になったということです。

だから、「実存は本質に先立つ」となります。

本当は鈴木さんは、学校の先生になったかもしれないし、カーレーサーになったかもしれない。だけど自分で選んで、あるいは何らかの理由で、警察官になったのです。

人間は、物と違い「実存は本質に先立つ」。つまり、自分で自分が何であるか、をつくっていかなければならないのです。

人間は「自分が何であるか」をつくっていく

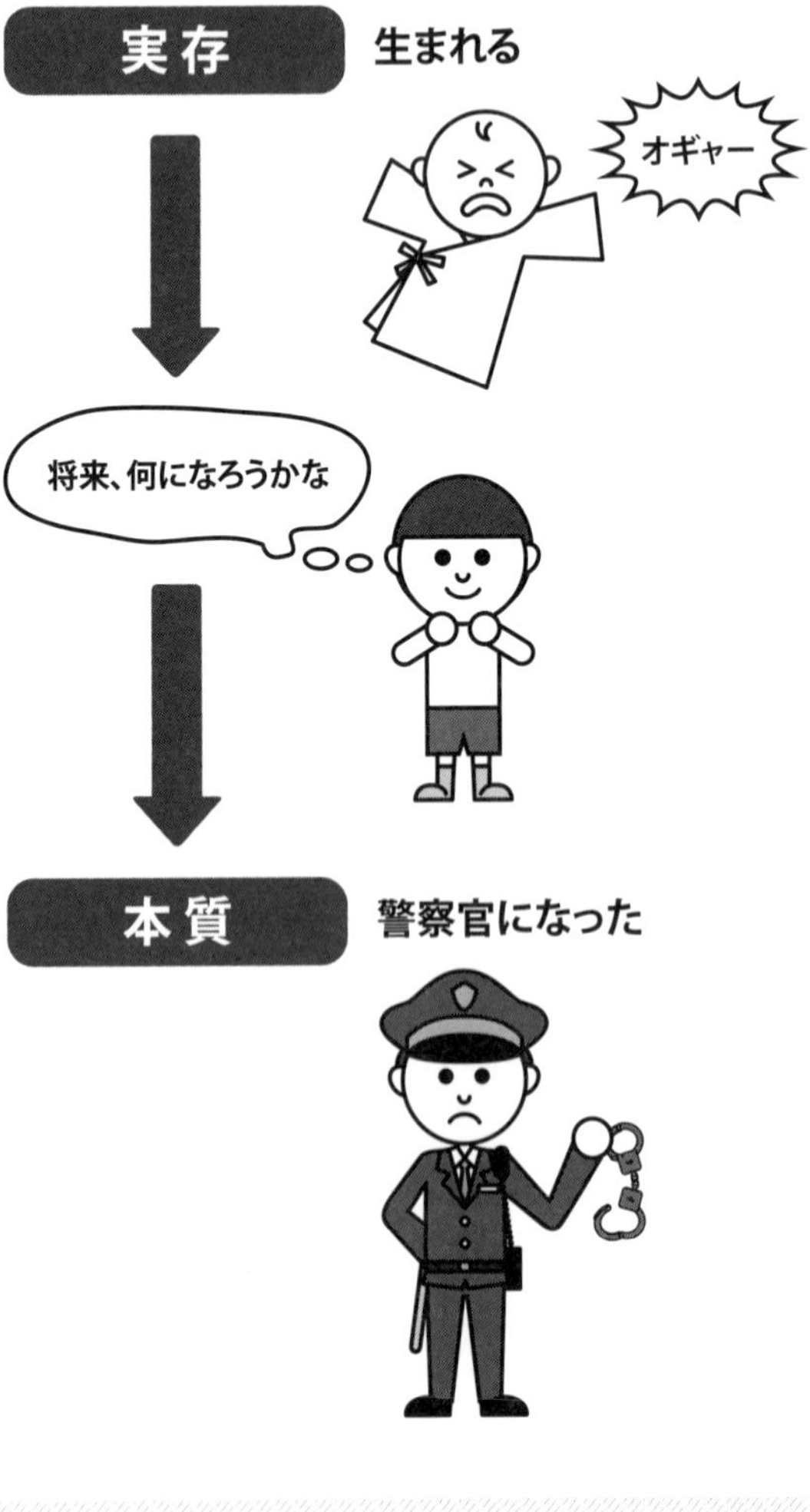

STORY 3

事実を明らかにしてから行動に移す

人間は定義不可能なものである。
なぜなら、人間は最初は
何物でもないのだから。
人間はあとになってようやく
何物かになるのであり、
自分でつくったところの
ものになるのである。

（ジャン＝ポール・サルトル）

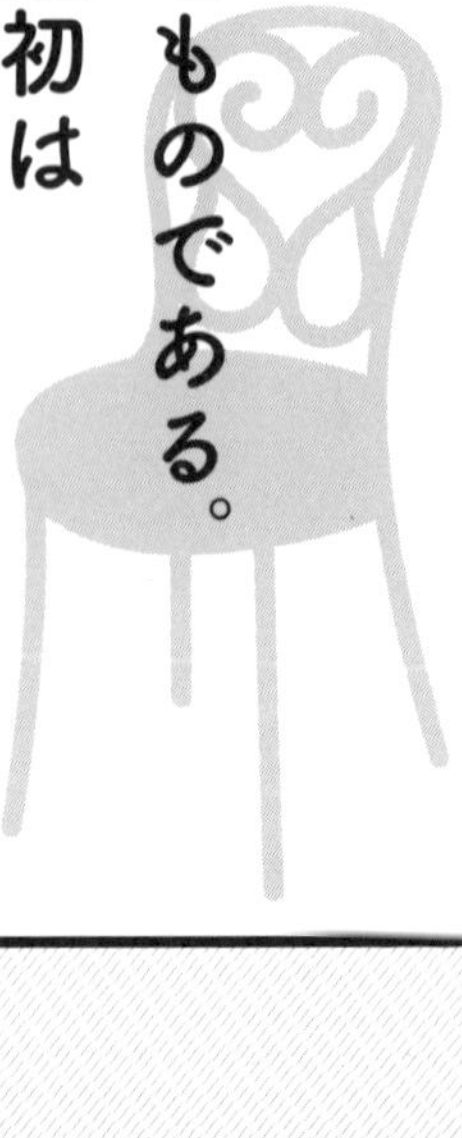

その日、人生を学びに来たのは山下店長。30代の男性だ。運営を任されている居酒屋の業績が振るわず、何とか盛り返したいという。

部下のうつ状態は本当に上司のせいなのか

サルトル先生　最近、店でどんなことが起きていますか？　気になっていることがあったら、話してください。

山下店長　スタッフの北岡が店を休んでいるんです。

サルトル先生　いつから、何日間？

山下店長　先週から。もう1週間になります。

サルトル先生　病気ですか？

山下店長　うつ状態じゃないかなって思うんです。

サルトル先生　それは本当のことですか？

山下店長　わかりません。

サルトル先生　本人から連絡はあったの？

山下店長　はい。「体調が悪いから休みます」と。でも、それは、僕のせいだと思うんです。

サルトル先生　何があったの？

山下店長　ちょっと厳しく言いすぎました。

サルトル先生　いつ？　どこで？　何を言ったの？

山下店長　先週、店の会議中に、だいぶ前に「やっておいて」と頼んでいたイベントの計画を立ててこなかったから、「どうして、君はいつもそうなんだ？」とみんなの前で叱りました。前にも、同じことが何度かあったので……。それ以来、ずっと顔色の悪い日が続いていました。

サルトル先生　叱ってしまったから、自分に責任があると思っているわけですね。

山下店長　なんとなく、部下のうつ、って上司の責任なのかなって、思ってしまうんですよ。

サルトル先生　世の中には、そういうケースもあるかもしれません。北岡さんが休んでいるのも、あなたの責任だと思う？

山下店長　たぶん。

サルトル先生　たぶん、ってことは、事実ではない？

山下店長　はい、本人に確かめたわけではありませんから。

サルトル先生　あなたが勝手に考えた解釈ですね。**いくら考えても、本当にそうなのか、わからないことってあります。**

北岡さんが休んでいる理由は、本人でなければわからない。そもそも、うつ状態なのかどうかもわからない。それをあなたがいくら頭を悩ませてみたところで、解決策は生まれません。

何か問題があったとして、事実かはっきりしないうちに行動を起こすものではありません。

頭の中に保留ボックスをつくる

山下店長　では、どうすればいいでしょうか？

サルトトル先生　シンプルですよ。今度、北岡さんに会ったときに、本人に聞いてみればいい。

山下店長　今は何もしないほうがいいと？

サルトトル先生　そうです。それでも、どうしても気になるなら、できることはあります。

山下店長　教えてください。

サルトトル先生　今のあなたの中の疑問を「保留ボックス」に入れておくのです。

山下店長　保留ボックス？

サルトトル先生　自分の頭の中に、保留ボックスがあるのをイメージし、そこに「北岡がうつっぽい件」と書いた紙を入れる。こうして頭の中を整理しておくのです。

山下店長　そうしないと、どうなりますか？

サルトトル先生　あなたは自分で勝手に解釈をし、「自分のせいだ」と責め続けるでしょう。それでは何にもならない。解決策も生まれない。

私は、**事実が明らかになっていないうちから、勝手に自分を責め続けている人をヒマ人と呼んでいます。**こう言っては悪いですが、山下店長はヒマ人以外の何物でもありません。

悲しませたかな
困ったな
病気じゃないかな
僕のせいかな
どうしよう
わからない
返事がない
話したほうがいいかな
なんでだろう
きっと僕が悪かったんだ
北岡の件
スッキリ!
保留
ボックス

山下店長　ヒマ人ですか……。

物語風の話をやめれば、業務はスムーズに進む

山下店長　最近、北岡だけでなく、ほかのスタッフも問題を抱えているのか、店の中がギクシャクしていると感じます。退店時間も遅く、ムダに残業をしているような気もします。効率的ではありません。どうしたらいいと思いますか。

サルトル先生　事実と解釈を区別して、「実際に何が起きているか」という事実だけを把握するようにすると、仕事はスムーズに流れていき、場の雰囲気もよくなります。事実も解釈もいっしょくたにし、会社の人、スタッフの方たちが「物語」を話すから仕事が進まないのです。

山下店長　物語って、どういうことですか？

サルトル先生　多くの人が、何が起きているかという事実ではなく、自分の考えや思い込みを物語のように話しがちだということです。

たとえば先日、ある会社の女性社員からこんな話を聞きました。

「今日、製品を出荷できなかったのは、私のせいではありません。部下の○○さんが、仕事中にずっと私用電話をしていたからです。私は電話を切るように言ったのに、まったく耳を貸そうとしませんでした。

だいたい会社で私用電話をするなんて、どういう神経をしているのか。社会人として最低ですよ。15分は話していたと思います。

その間に、運送会社の人が集荷に来たので、ずいぶん待ってもらったんですが、『次の現場があるので、あとで寄ります』と言って、帰ってしまったんですよ。あの運送会社の人、結婚したばかりだというから、早く家に帰りたかったんじゃないかな。とにかく、会社で私用電話はやめてほしいんですよね」

この話を聞いて、山下さんはどう思いましたか？　まさしく物語です。つまり、「誰々が、どう思った」とか、「誰々の家庭の事情があった」とか、業務とはまったく関係のない話ばかりが出てきてますね。

山下店長　それに近い話は、うちの店でも結構あります。言われてみると、たしかに、**仕事中に物語風に話す人は多い**ですね。

サルトル先生　特に物語になりがちなのは、言い訳です。しかも、自覚なく口にしている場合がほとんどです。誰かに何か言われて、「だって、こうだったから」と反射的に反応しているにすぎません。

このように、目の前で問題が起きたとき、誰も何も言っていないうちから、「自分のせいではない」あるいは「自分が責められた」と勝手に思う人は多いですね。

山下店長　うちの店でも、そういう人は多いですね。僕の経験からいうと、そういう人ほど、ミスも多いように感じます。

サルトル先生　その通りです。

人間は誰しも「注目されたい」「承認されたい」という欲求を持っているから、目立ちたいと無意識に思ってしまいます。「責められる」というのは、いいことではないにせよ、ある意味目立つことになります。つまり、「失敗すると責められる。責められると目立つ」となりますから、**目立ちたいがために、無意識にミスをくり返してしまう**のです。そして、言い訳に気を取られるあまり、さらにミスをする。これを防ぐには、言い訳をなくすことです。すると、ミスも減るので、仕事の効率も上がっていきます。

原因究明は対処が終わってからゆっくりやりなさい

山下店長　どうすれば言い訳をなくせますか？

サルトル先生　先ほどの女性社員の話を例にとると、彼女の業務で大切なのは、「今日出荷ができなかったら、どうするか」ということだけです。現場が聞きたいのは、それだけ。彼女が事実をちゃんと話せば、営業の人が「じゃあ、自分が製品を届けよう」と言ってくれるかもしれない。バイク便を出そうということになるかもしれない。なぜ出荷できなかったか、理由はあとでまとめて話せばいい。

「何が起きていて、何をすればいいか」を明らかにするまでの時間が、本来なら1分で済むのに、3分も5分もかかってしまっている。まったくもって時間のムダです。

山下店長　そういう原因究明も、必要といえば必要じゃないですか？

サルトル先生　もちろん、原因を突き止めて改善することは大切です。でも、それは、「今」やるべきことなのでしょうか。少なくとも「誰々が悪い」といった、自分の考えは不要です。

私用電話をしていて出荷が遅れた。それなら、「出荷の時間には私用電話は禁止」ということにすればいい。実に簡単です。そこに物語が入ってくるから、どうすべきかが見えなくなるのです。

山下店長　なるほど。

サルトル先生　物語風に話すのをやめれば、生産性が上がって、仕事が早く終わりますよ。

話を盛って話すのは百害あって一利なし

サルトル先生　ほかに何か話していないことは？　売上が上がらないことについて。

山下店長　実は、スタッフがすぐに辞めてしまうことも気になっています。

サルトル先生　そのことで思い当たることはありますか。

山下店長　給料が安いので生活は厳しいし、仕事が深夜に及ぶから家族との時間がなかなかとれない。だからみんなすぐに辞めていっちゃうんですよ。ほら、居酒屋って、やっぱり仕事がキツいじゃないですか？

サルトル先生　そうなんですか？　すぐに辞めちゃうって、いつ何人辞めたんですか？

山下店長　半年前に1人辞めましたね。あと1年前にも1人。

サルトル先生　じゃあ、1年に2人辞めたのですね。

山下店長　まあ、そうです。

サルトル先生　**1、2回起きただけのことを、まるでそれがすべてであるかのように考えないことです。**「1年に2人辞めた」という事実だけに目を向けてください。そうすれば、問題の本質が明らかになってきます。

山下店長　すみません。つい、話を盛ってしまいがちで……。先ほどの話じゃないけど、物語風に大げさに話すのがクセになっているのかもしれません。

サルトル先生　そのクセは危険です。店長自らやっていては、スタッフにしめしがつきませんね。ビジネスでは、話を盛っていいことはひとつもありません。重大な事実を覆い隠すだけです。

場の在り方を決めれば、人が集まってくる

サルトル先生　スタッフや社員が辞めないようにするには、場をしっかりつくることです。いいですか、お店がうまくいくのもいかないのも、店長しだいなのです。

あなたのお店を観察してください。あなたのお店はどんな場ですか？

山下店長　サラリーマンがくすぶっていて、空気が淀んでますね。女性は入りづらいと思います。

サルトル先生　では、あなたが自由に場をつくれるとしたら、どんな店にしたいですか。どんな店にしたいかは、「あなたがどう在りたいか」ということと同じです。

どういう店で在りたいと思いますか？　ピリピリしている場ですか？

山下店長　いえ。ピリピリしている場は、居心地がよくありません。

サルトル先生　居心地のいい場にしたいのですか？

山下店長　はい。あと、来てよかったという癒しの場、女性のお客さんにも楽しんでもらえる場でありたいです。

サルトル先生　では、明日から、開店前のミーティングで、スタッフに言葉にして伝えてください。「うちの店を今日も『居心地のいい場』『癒しの場』『女性も楽しめる場』にしましょう」と。すると、スタッフみんながそんな場にすることが大事だとわかってきます。

あなたが言葉にすることで、無意識が刺激されて意識化されますから、あなた自身、本来自分がやりたかったことに気づくようになります。今の店は、スタッフにとって、あなたの店であり、オーナーの店です。つまり、他人のもの。ところが、あなたの思いと言葉が一致したら、それがスタッフにも共有され、スタッフ一人ひとりにとっても、職場そのものが自分のものになります。そうなったら、スタッフは辞めなくなるはずですよ。

山下店長　辞めなくなる？

サルトル先生　はい。あなたの思いがスタッフに共有され、スタッフの「思い」になると、スタッフ自身が、実現したいと自然に思うようになりますからね。それが、スタッフのモチベーションに影響を与え、やる気のアップにつながりますから、売上も上がっていきます。

心にある不満は、実在させることで消す

山下店長　ミーティングで、どんな店にしたいか、ただ口にするだけですか？

サルトル先生　ただ口にするだけでなく、ちょっとした工夫が必要になります。たとえば「今日も楽しい場をつくろうね」と言ったとしたら、そのあとに、こう付け加えてください。「それに対して、何か引っかかりはありますか？」と。すると、スタッフの中から、「そうしたい気持ちはあるのですが、睡眠不足で眠いです」「疲れています」というような言葉が返ってくるでしょう。

山下店長　その言葉に対して、どう返事をすればいいですか？

サルトル先生　「じゃあ、今日はどうしますか？」と聞いてあげます。たいていは、そのまま「働きます」と答えます。

山下店長　心で思っていることを外に出させてあげるということですか？

サルトル先生　そうです。スタッフ一人ひとりの心の中に在ることを実在させるのです。実際疲れている人もいるかもしれないけど、「疲れている」と言いたいだけの人

もいるでしょう。そういう人は口に出すと、疲れは消えます。逆に「疲れている」と言えない人は、不満が自分の中に溜まった状態が続いてしまいます。

「できない」「ダメだ」の口グセをやめて、自分を言葉の呪縛から自由にする

サルトル先生　ほかにどんな問題がありますか？

山下店長　今お話しした以外にも、いろいろあるんですよ。

サルトル先生　「いろいろ」というものはありません。何があるか、具体的に言ってください。

山下店長　僕自身、給料が安いから生活が苦しいし、近所にライバル店が増えてお客さんの取り合いになっています。材料費が高騰して、新しい魅力的なメニューが考えられないという問題もあります。激戦区の居酒屋って、本当に大変なんです。

サルトル先生　あなたの話を聞いていると、自分で「できない」「ダメだ」と決めつけて、

自分で自分をがんじがらめにしている。自分で自分を苦しめているように聞こえます。不自由なのです。

まず、そんな「自分から自由になる」必要がありますね。**人は本質的に自由です。**

山下店長　自由？

サルトル先生　そう、自由です。

山下店長　では、僕はどうすればいいですか？

サルトル先生　こんなふうに考えることはできないでしょうか？

給料は安くても生活はやっていけている。ライバル店が多い中で、店独自の魅力を発揮できている。これだけ材料費があるのだから、どんなメニューでもつくれる……。

こうして、**自分自身を「できない」「ダメだ」「ない」などの言葉の呪縛から解き放って自由にしてあげる**のです。言葉の呪縛から解き放つには、自分に問いかけて、「本当はどう思っているか」の解釈を変える必要がありますね。

山下店長　なるほど、解釈を変えるかあ……。

でも、たとえば、「景気が悪い」っていう事実は変えられないですよね？

サルトル先生　景気が悪いのは、あなたの店だけの話ではないはずです。世の中、みな同じです。ほかに、売上が上がらない原因はどこにあると考えますか？
山下店長　……本当は、僕自身にやる気がないのが原因かもしれません。
サルトル先生　やる気がない？
山下店長　実は、妻が家を出て実家に帰ってしまったんです。
サルトル先生　奥さんが？
山下店長　そうです。
サルトル先生　それで、あなたはどうしたいんですか？
山下店長　戻ってきてほしいんです。
サルトル先生　戻ってきてもらうためには、どうすればいいですか？
山下店長　もう一度、妻と話し合ってみます。
サルトル先生　それによって、奥さんが帰ってきてくれるかもしれない。そうすればあなたもやる気が出てくる。店長が変われば、店は変わります。そのためにも、奥さんとしっかり話し合ってください。

多くの人は何よりも自分の取り扱いに困っている

サルトトル先生　多くの人は、問題の原因が自分以外のところにあると考えています。スタッフの扱いに困っている、上司が無能だ、部下がすぐに休む……。

でも本当は、**自分が自分の扱いに困っている**のです。「なんで、こんなに腹が立つんだろう」「なんで、自分にはできないんだろう」と。

そんなあなたのピリピリした気持ちは、スタッフに伝わります。だから、スタッフは仕事に集中できない。でも、問題の原因は自分にあるのです。

山下店長　自分にですか？

サルトトル先生　あなたの場合も、**問題の原因はあなた自身にある**ことはすでにおわかりですね。

それも、奥さんが家を出てしまったという事実にではなく、その悲しみに時間を多く使っていることに原因があります。そんな状態だから、仕事に集中できない、やる気が出ない、その結果として、店の売上が上がらない、ということになるのです。

山下店長　なるほど。

サルトル先生　売上が上がらない原因は、仕事の仕方に問題があるからではない。**問題は思ってもみないところにあります。**多くの場合、それは家庭にあります。

山下店長　僕の場合もそうですね。

サルトル先生　だから、**職場や周囲に問題が起きている場合、その原因を他人に求めるのではなく、まず「自分を疑ってみる」**ことです。その上で、「自分が今何に困っているか」、それをあぶり出していきます。

山下店長　どうすれば、自分が困っていることをあぶり出せますか？

サルトル先生　自分をよく「観察する」ことです。「自分には何が在るのか」「自分はどう思っているのか」、よく観てください。日々の生活の中で、自分は何を感じ、何を思い、何を考えているのか、折にふれ、丁寧に観ていくのです。問題の本質は自分の中に在るのです。

――その後、山下店長は自分を見つめ直し、奥さんと話し合いの場を持つことにした。そして、2か月後、奥さんが家に戻ってきた。店長の問題は晴れて解決。店長にやる気が戻り、店には活気があふれ、売上アップにつながった。

個人の心の問題が解決して落ち着くと、ビジネスの問題もたいていは解決する。問題を起こしているのはあくまで自分自身。そんな自分に対する丁寧な観察が、解決への近道になる。

サルトル先生の授業のポイント

業務上の話を物語風にすると効率が悪くなる。
問題のある他人を見るより自分自身を観察する。

コラム3

実存主義的問答で問題を解決する方法

実存主義では、「自分の本質は自分でつくることができる」としています。どうやって「自分の本質」をつくるかというと、未来に対して「自分はこうありたい」と「投げる」（投企）。こうして、自分を自由につくるわけです。ただし、全責任は自分にあります。

何か問題を抱えている人の相談にのってあげるとき、この考えに基づいて問答をすると、年齢を問わず、人生におけるさまざまな問題を解決に導くことができます。

おねしょをして困っている子どもを例に説明してみましょう。

サルトル先生　おねしょ、ずっと続いているんだってね。

子ども　うん。

サルトル先生　おねしょをしてるって、自分でわかっている？
子ども　うん。今朝もおねしょ、しちゃったよ。
サルトル先生　そっか。おねしょしていること、どう思う？
子ども　恥ずかしいし、朝はいつも隠れたくなる。
サルトル先生　おねしょは、好き？
子ども　イヤだな。
サルトル先生　じゃあ、どうしたい？
子ども　おねしょをしないようにしたい。
サルトル先生　何をしたら、おねしょをしなくなるかな？
子ども　寝る前にジュースを飲まない。
サルトル先生　そうしたら、おねしょをしないと言えるようになるかな？
子ども　言えるよ。
サルトル先生　じゃあ、やってみる？
子ども　うん、やってみる。
サルトル先生　いつからやってみる？

子ども　今日からやってみる。

このように、相手が子どもであっても、問題をしっかり自覚させること（実存させること）ができれば、解決することはよくあります。

右のケースでは、まず「要はおねしょをしたのは自分であり、その責任は自分にある」と、子どもに自覚をさせます。

そして、「そのことに対し、どう責任をとるんですか？」と投げかけることで、自ら解決策を探るよう導くのです。

その投げかけに対し、子どもが「わかりました。解決策は○○です。（責任をとって）やってみます」といった内容のことを口にした時点で、問題は解決したも同然です。

ただし、「どうしたい？」という質問に対して、子どもから「おねしょ、無いようにしたくない」という内容の返答が返ってくれば、このやりとりは成立しません。あくまで、子どもが「やりたいかどうか」です。「やりたくない」と言ったら、それはそれで子ども自身の選択ですので、そのままにします。

子どもでも、自分で自分がやりたいことを選択したら、その方向に意識が向かうので、がんばろうという気が湧いてくるものです。

STORY 4

自分の人生を自分でつくる

人間は自由であり、
常に自分自身の選択によって
行動すべきものである。

（ジャン＝ポール・サルトル）

夏の夕暮れ。やってきたのは、社会人5年目の20代女性、真佐美さん。ずっと、外資系の証券会社で働いてきた。最近、会社に行くのがつらくなり、親からは早く結婚をするように言われ、人生に迷っている。

自分に誠実に生きているか

真佐美　明日は、絶対に会社に行きたくありません。もう、あの会社は辞めたいんです。

サルトル先生　**それは本当ですか？**

真佐美　えっ、ウソだというのですか？

サルトル先生　本当かどうか、自分の内側をよく観察してみて。辞めたいというのは、本当ですか？

真佐美　辞めたいわけではないかもしれません。ただ「悪いな」とは思っています。

サルトル先生　誰に対して「悪いな」と思っているのですか？

真佐美　会社の人に対してです。

サルトル先生　会社の誰に？

真佐美　みんなに。

サルトル先生　何があったの？　あることだけ、つまり、事実だけを話して。

真佐美　毎日会社に行って、たいした仕事もせず、給料をもらっている。私、月30万円も、もらっているんです。あまり働いていないのに給料をもらっているのは、ちゃんと仕事をしている同僚たちに「悪いな」と思うんですよ。

サルトル先生　なぜ、その会社で働いているのですか？

真佐美　そりゃあ、給料をもらうためです。給料がなくては、食べていけません。

サルトル先生　それは本当ですか？

真佐美　ちょっと大げさに言いすぎたかも。貯金があるから、しばらくの間は食べていけないということはないのですが。

サルトル先生　貯金はどのくらいあるんですか？　今の蓄えでどのくらい暮らしていけそうですか？

真佐美　半年くらいは大丈夫かな。

サルトル先生　じゃあ、半年は働かなくても、大丈夫なんですね。

たいした仕事をしていないのは、本当ですか？

真佐美　会社にいるといつも眠気が襲ってきて、昼休みは爆睡。昼休みが終わったことにも気づかず、上司に起こされることもあります。上司は、そんな私には、仕事を任せられないと思っているのでしょう。仕事らしい仕事は来ないし、実際にしていない。結局、やる気がないんです。

サルトル先生　本当にやる気がないんですか？

真佐美　ありませんね。今の会社の仕事にまったく興味が持てないのです。

サルトル先生　何に興味があるんですか？

真佐美　私ですか？　特に何かに興味があるってわけでもないです。強いていえば、生きることについて興味があります。人生についてもっと勉強したいです。いつか、サルトル先生のように、人生における大事なことを人に教える仕事に就けたらいいなって思います。

サルトル先生　やりたい仕事は「人生を教えること」。それなのに、**自分の貴重な時間をまったく興味の持てない仕事に使っている**のですか？

真佐美　まぁ、そうですね。そういうふうに考えたことはありませんでしたが。自分をだましだまし会社に行っているのかもしれません。

サルトル先生　自分に対して誠実ではありませんね。思っていることと、やっていることの間にギャップがある。そのギャップを埋めるにはどんな行動が必要だと考えますか？

真佐美　会社を辞めたほうがいいのかな。

自分を欺いて選択すると、結果を人のせいにする

真佐美　そろそろ結婚をしないといけないかなー、とも思うんですよ。なかなかいい人がいないんですけれど。

サルトル先生　結婚をしなければいけないというのは本当ですか？

真佐美　だって、みんな、私くらいの年になると結婚を意識しますし、親も「そろそろ結婚してほしい」と言います。

サルトル先生　あなたは、自分の人生をよくよく考えなければいけません。あなた自

身はどうしたいの？

真佐美　結婚はしたいです。周りから取り残されたくないから。でも、仕事もちゃんとしたいから、転職でもして仕事の方向性が決まったら、結婚を考えてもいいかなとも思っています。ただ、親の意向も無視するわけにはいかないし。

サルトル先生　自分の考えを優先するのではなくて、親の価値観を優先しようとしていますね？

真佐美　……。

サルトル先生　あなたは結婚してもいいし、結婚しなくてもいい。それは自由なのです。あなたが選ぶことです。ただし、どう選ぶかは大切です。

自分を欺くことを「自己欺瞞《ぎまん》」といいます。あなたが自分に誠実に選ぶのでなく、自己欺瞞の中で何かを選ぶと、他者に責任を押し付けることにつながります。

もし、自分で考えようとせずに、他人の価値観で何かを決めて、それに従うとしますね。その結果において、あなたの人生の責任をとるのは誰ですか？

真佐美　私自身です。

サルトル先生　あなたが自由に選んだ以上、自分で全責任を負わなければならない。

親が決めたから、周りがそうしているから、という理由で決めてしまうのは、周囲に責任を押し付けているのと同じことです。

「私は、本当はあのとき結婚はしたくなかったのに、親に勧められたから結婚した。その結果、結婚に失敗した。やはり間違っていた。私の人生が失敗したのは、親のせいにちがいない」ということになりかねません。大事なのは、「あなたがどうしたいか」なのです。

真佐美　どうしたらいいんでしょう。サルトル先生はどっちがいいと思いますか？

サルトル先生　私はどっちでもいいです。**あなたの問題なのだから、あなたが決める必要があります。**

で、あなたはどうしたいの？

真佐美　私がどうしたいかですか？……。そんなこと考えたこともありませんでした。何から、考えたらいいのでしょうか？

しあわせになりたい、と思っている限り、しあわせではない

サルトル先生　そうね。じゃあ、存在ということから考えていきましょう。あなたは、結局のところ、どうなりたいの？　どんなあなたでありたいのですか？

真佐美　私ですか？　しあわせになりたいです。

サルトル先生　しあわせになりたい？　そんなことでは、どうしたって、しあわせになれませんよ。

真佐美　え、どういうことですか？

サルトル先生　あなた同様に、多くの人が「私はしあわせになりたい」と口にします。ですが、「しあわせになりたい」と言っている人は、存在として、しあわせでしょうか？

真佐美　存在として、しあわせ……？　よくわかりません。

サルトル先生　「しあわせになりたい」と言う人は、実在論からいえば、「今はしあわせではない」ことになります。しあわせじゃないから、しあわせになりたいと思って

いる。つまり、今「しあわせになりたい私」という存在である限り、どんなにお金を持っていたとしても、どんなに社会的地位が高かったとしても、どんなに成功を収めていたとしても、しあわせではないでしょう。

物は人をしあわせにしない

サルトル先生　そもそも、物は人を真にしあわせにはしません。家も、お金も、名誉もしあわせをもたらしてはくれないのです。

真佐美　でも私は、好きなブランドのバッグを買うと、ウキウキしあわせ気分になりますよ。

サルトル先生　それは本当ですか？　バッグを買ったら、ずっと「ウキウキしあわせ」でいられますか？

真佐美　「ずっと」と言われると……。一時的かもしれませんね。すぐにほかの新しいバッグが欲しくなります。

でも、お金に余裕があると、しあわせな気分になることはたしかです。

サルトル先生　あなたは、いくらあればしあわせな気分になれますか？

真佐美　あればあるだけ、しあわせです。

サルトル先生　新しいバッグを買ったときは、うれしいかもしれませんが、それは一時的です。まとまったお金が手に入ったらしあわせかもしれませんが、少し時間が経てば、もっともっと欲しくなる。常に「もっとお金が欲しい」「そろそろ、もうひとつ新しいバッグが欲しい」となって、いつまでも満足できない。つまり、永遠にしあわせが続くことはないのです。

真佐美　でも、「ハングリー精神が大事だ」とよく聞きます。父もよくそう言っています。

サルトル先生　「ハングリー精神」も、ときには必要でしょう。ただ、ハングリー精神を持ち続けている人は、いつまでもおなかがすいたまま。「もっともっと」と言ってキリがないんです。

どんどん上を目指した結果としてお金持ちになった人は、傍目《はため》には成功者のように見えるかもしれない。でも、心の中が満たされているかどうかはわかりません。

真佐美　たしかにそうかもしれませんね。

サルトル先生　「私はしあわせ」という人は、ごはんと梅干しだけの食事でもしあわせだし、「私はふしあわせ」という人は、三ツ星レストランで毎晩ごちそうを食べても、ふしあわせなままです。

　つまり、「しあわせな私」という存在であれば、どんな状況でも、しあわせでいられるのです。いつも質素な食事でも、すりきれたズボンを穿《は》いていてもです。もっといえば、「私はしあわせ」と決めると、そこから、自分がやるべきことが見えてきます。

「どんな私か」を先に考えると結果が出やすい

真佐美　「私はしあわせ」と決める?

サルトル先生　そうです。そのことをお話しする前に、人間が存在していることについて、基本からお話ししましょう。

　人間が存在していることは、3つの動詞に区別できます。

真佐美　3つの動詞ですか？

サルトル先生　そうです。「be」「do」「have」です。

beは、「存在」「在り方（有り方）」「在る」。

doは、「行動」「意志力」「する」。

haveは、「成果」「状況」「環境」「持つ」「つくる」です。

人生は常に、「be」「do」「have」の順番で経過します。

真佐美　「私が、走って、やせた」というようなことですか？

サルトル先生　そう。ある意味当たっています。どのようなことも、常に「私」から始まります。「どんな私」かが、とても重要なのです。

doやhaveよりも、「どんな私」か、つまりbeを先に考えるようにすると、人生は、思うような結果が早く出ます。

たとえば、「がんばり屋な私」がbeだとすると、doやhaveはどうなりますか？

真佐美　「がんばり屋な私が」……。「走って、やせた」！　なんだか早くやせられそうです。

サルトル先生　そうです。だから先に「私」を考える。くり返しますが、行動の「do」

よりも、結果の「ｈａｖｅ」よりも、自分が何であるかの、「ｂｅ」の部分がとても大切なのです。

真佐美　なるほど。なんとなくわかってきました。

「私は誰か」は自分でつくれる

サルトル先生　そして、「ｂｅ」に続く部分は自分でつくれるのです。つまり、「I am □.」の、□の部分は、自分でつくれるということ。たとえば、「I am happy.」です。

大事なことなので、しつこく言いますよ。つまり、「私は誰か」は、自分でつくれるということです。

真佐美　自分でつくれる？

サルトル先生　そうです。少し難しい話になりますが、人間は、「何であるか」（本質）が明らかになる前に存在してしまっています（実存）。つまり人間という存在に関しては、すでに存在しているという事実が先行していて、あとから自らの決断によって本質をつくり上げていかねばならないのです。

真佐美　本質をつくり上げる？　ちょっと難しいです。

サルトル先生　お箸の本質はわかりますか？　つまり、お箸が「何であるか」の説明の部分です。

真佐美　食べ物を挟む2本の棒？

サルトル先生　そうですね。食べ物を挟む（本質）ものが欲しいな、という欲求が先にあって、箸がつくられた（実存）のです。つまり、本質が実存に先立っています。ところが人間は、人間としてまずオギャーと生まれ（実存して）、そのあとに、誰になるか（本質）が決まります。この本質の部分は、自分でつくっていいのです。

真佐美　なんとなく、わかったような気がします。でも、どうやってつくればいいのですか？

サルトル先生　種を自分でつくると考えてみてください。

真佐美　種？

サルトル先生　果物などの種です。ここにリンゴの種があるとします。この種を植えて大きくなったら、何の実がなりますか？　モモですか、それともイチゴでしょうか？

真佐美　リンゴの種からは、リンゴができると思います。

サルトル先生　そうです。正解です。リンゴの種が大きくなったら、リンゴが収穫できる。あなたも、将来なりたい自分の種を、今からつくるのです。

真佐美　難しいです。何をおっしゃっているのかわかりません。

サルトル先生　たとえば、日本の戦国時代には武将がいましたね。直江兼続は、兜《かぶと》の前立てに「愛」と書き、上杉謙信は、戦いに持っていく旗に「毘」と書いた。こうして武将たちは戦いに臨む前に、自分は「誰か」ということを文字にして必ずつくった。

あなたも同じように、**言葉によって自分をつくる**のです。好きな言葉でかまいません。それによって、自分が何であるかを決めるのです。

真佐美　なんとなくイメージがつかめてきました。でも、私はなりたい自分になれる自信はありません。そもそも、「なりたい自分」なんてないし……。

サルトル先生　**でっちあげでいい**んですよ。

真佐美　でっちあげ？

サルトル先生　そう。**どんな自分になりたいか自由にでっちあげていい**んです。「つくる」ということは、すなわち「創作」です。仮説でいいんです。「こうだ」という自分をでっちあげていい。

小学生くらいの女の子だったら、「お姫様のような自分（be）」とでっちあげるかもしれませんね。

私はその子に尋ねます。

「お姫様のような自分は、どんなことをするの？」

すると、その子はこう答えます。

「かわいいお洋服を着る」「乱暴な言葉づかいをしない」「みんなに優しくする」……。

その言葉を行動（do）に移していけば、実際に自分がやるべきことが見えてきます。

やがて、この女の子は、「自分に自信が持てる」「かわいくて明るい」「人から信頼される」といった成果（have）を手に入れることができるでしょう。

自分を投企せよ

サルトル先生　そもそも人間は、自分の本質を自らつくり上げることが義務づけられています。

真佐美　義務づけられているって？　いったい誰が義務づけているんですか？

サルトル先生　過去の哲学者たちといってよいでしょう。哲学は、世界の本質に迫ろうとする学問です。世界とは何なのか？　人間のしあわせとは何なのか？　生きるとは何なのか？　人間の義務とは何なのか？……。こうしたことが、哲学の探求テーマです。

つまり、答えのない問いを問い続けるのが哲学です。よって、自分は誰か？　何のために生まれてきたのか？　その問いの答えを探し続ける義務が人間にはあるといっていいでしょう。

真佐美　哲学者ってすごいですね。

サルトル先生　そんな哲学者たちによって、人間は自分をつくり上げていくことが義務づけられている。つくり上げるというのは、「投企する」ということです。

真佐美　投企？　また新しい言葉が出てきましたね。どういう意味ですか？

サルトル先生　投企は、文字通り「企てを前に投げる」ということ。「Projection：プロジェクション」ともいいます。これは、「自分を前に投げる」「自分を創作する」「言葉を前に置く」という意味です。

真佐美　どんなときに投企をするのですか？

サルトル先生　あらゆる場面で投企をします。

たとえば、私自身は毎朝投企しています。「どういう自分で生きるのがよいと思うか」、毎朝、思いついた言葉で自分をつくっているのです。

もう少し具体的にいうと、**自分のその日の在り方を設定している**のです。

たとえば、ものすごく大変な一日になりそうなら「私は勇者」と投企する。すると、その日に起こる、あらゆることに勇者として対応できます。電車に乗り遅れてしまっても、イライラする代わりに、「今日の第一の試練だ。どうやって乗り越えよう」と捉えることができる。会議で自分の意見に反対する人が大勢いても、へこむ代わりに、「勇気をもって立ち向かおう」と自分を奮い立たせられる。

自分を投企していると、その日に起こることに一喜一憂しなくなります。

真佐美　なるほど。なんか一日が楽しくなりそうですね。

サルトル先生の投企について、もっと聞かせてください！

サルトル先生　別の日は、「星のように希望に輝く私」と投企しました。すると、つらいことがあっても、そこに何かしら希望を見出して、落ち込むことがないのです。
またある日は、「愛の人」と投企しました。すると、あらゆることに愛情を持って対処することができました。

誰として生きるか、自分に言質をとる

真佐美　お話を伺っていると、自分をつくり上げることの大切さがよーくわかります。

サルトル先生　もっといえば、自分をコミットメントすることが大切なのです。

真佐美　また難しい言葉が出てきました。コミットメントですか？

サルトル先生　そう。「コミットメント：Commitment」。とても大切な言葉なので、少し説明しておきましょう。

コミットメントには、キリスト教における「聖なる地へ導く」神との「契約・約束」という意味があります。英米人が「〜にコミット」した、と言ったら、それは契約書のような、紙に書いたものより重い約束ととられます。だから、権力を持った上位者

は、自分より下位の人に「お前、コミットしたか」と使いたがる。しかし、私からすれば、それは完全に間違った使い方です。

「コミットメント」は本来、人に対して何かをさせるために使う言葉ではなく、自分自身のビジョンに対して使う言葉です。もっといえば、「コミットメント」は「何かをすること」、つまり、「do」に対するものではありません。もっと深いもの。私たちの存在そのもの、つまり、「be」に、「コミットメント」するものなのです。自分をコミットメントする、ということは、すなわち、自分の「在り方」と真剣に向き合うということです。

真佐美　なんとなくわかってきました。でも、「コミットメント」って、日本語でいうと、どんな意味になりますか？　「契約」とか「約束」でいいのですか？

サルトル先生　日本語でいうならば、ニュアンスとしては、「言質《げんち》」という言葉が近いですね。自分に対し「言質をとる」、つまり、あとで証拠となる約束の言葉を取っておく、ということになるでしょうか。そのことは、自分にしかわからない誠実さとも密接に関係します。

（「誠実さ」については、132ページでくわしくお話しします）

「自分が誰か」を決めると失敗が減る

サルトル先生　ｂｅをしっかりつくると、失敗も減ります。最近あなたは何か失敗をしましたか？

真佐美　いつも失敗ばかりしています。この間も、会社でお客様にお茶をお出しするとき、テーブルの上にこぼしてしまいました。

サルトル先生　どうしたら、そんな失敗がなくなると思いますか？

真佐美　失敗の原因を追及することではないでしょうか。私の場合、上司に見られていると失敗してしまうことが多くあります。やっぱり、上司に原因があるのかな。

サルトル先生　原因は「外」にはありませんよ。

真佐美　「外」にない？

サルトル先生　あなたの失敗の原因は、あなたの内側にあります。あなた自身が誰なのか、**誰として生きているのか**、ということに原因があるのです。けっして上司のせいではありません。

真佐美　外に失敗の原因を求めるのではなく、「まずは、自分を見つめろ」ということですか？

サルトル先生　そうです。いいですか、イメージしてください。今、あなたがお客様にお茶を出そうとしています。そのとき、あなたは、どんな自分ですか？

真佐美　「また失敗しちゃうかもしれない自分」とか、「上司に怒られるかもしれない自分」です。

サルトル先生　そう思ってしまうから、失敗するのです。でっちあげでもいいから、「私はしっかり仕事をこなす、価値ある人間である」という自分をつくり（ｂｅ）、そんな自分に従って行動をする（ｄｏ）と、必ず失敗は減ります（ｈａｖｅ）。

目的や目標を前に投げて生きる

真佐美　ｂｅをしっかりつくることが大切だということがよくわかってきました。

サルトル先生　それは大きな進歩です。

くり返しになりますが、「自分が誰であるか」の「ｂｅ」をつくったら、今度は、「何をして（ｄｏ）」、「どのような成果をつくりたいのか（ｈａｖｅ）」を考えます。要は、どんな成果を持ちたいかを考える。そして大事なのは、目的をつくるということです。**人間は目的を前へと投げ出し、それを追い、乗り越えることで生きていきます。**

真佐美　目的ですか？

サルトル先生　そうです。ただ、ここで勘違いする人が結構います。目的と目標をごちゃまぜにしてしまいがちなんです。

真佐美　目的と目標は違うのですか？　違いを具体的に教えてください。

サルトル先生　たとえば、「健康になりたいから、私は明日から３週間、毎朝１時間土手を走ります」と言った場合、目的は、「健康になりたいから」、つまり、「なぜ」（＝ＷＨＹ）の部分です。

一方、目標は「私は、明日から３週間、毎朝１時間土手を走る」の部分です。これは、現実であり、事実で、「いつ」（＝ＷＨＥＮ）、「どこで」（＝ＷＨＥＲＥ）、「誰が」（＝ＷＨＯ）、「何を」（＝ＷＨＡＴ）という４Ｗの性格を持っています。中でも「いつ」は、とても大事。期限を決めることで、自分をよりパワフルに目的に向かって駆り立てることができるのです。

アメリカの心理学者マクスウェル・マルツが提唱したサイコ・サイバネティックスという理論があります。この理論によると、人間には、いったん目標を決めると、その目標を達成するために必要な手段を、自動的に呼び起こし、集め、引き寄せるメカニズムが備わっていると言われています。

目的と目標を明確にする

真佐美　でも、人によって目標って違いますよね。どんな目標にも、そのメカニズムは当てはまるのですか？

サルトル先生　いい質問です。「鉛筆を拾う」といった些細なものから、「90日間で売上を倍増させる」という大きなものまで、どんな目標にも使えます。だから、どんな目標でも、明確にすることが大切です。

ただ、このメカニズムは、成功と失敗のどちらにも働きます。たとえば、「運動会で転ばないようにしよう」とか「悪いことが起きないようがんばる」などという目標設定をすると、運動会で転んだり、悪いことが起きるという「失敗」に向かって作動してしまうのです。その意味で、「〜しないように」という目標は、不適切な目標といえます。

メカニズムが失敗に向かって作動しないためにも、成功するという目的を明確にし、自己イメージを視覚化し、目標（ゴール）の設定をしっかりすることが大切です。

真佐美　目標を実現する、よい方法を教えてください。

サルトル先生　目標の実現のためには、次の４つの条件があります。

1．目的の明確化（１Ｗ＝なぜ、何のために）
2．目標の設定（４Ｗ＝いつ、どこで、誰が、何を）
3．行動（ゴールに向かって一歩一歩実行する）
4．誠実で正直、かつ、ウソがない目的と目標の設定。そして、設定したことを信頼する

以上の４つをしっかり踏まえることが大切です。

できるだけ具体的なイメージを持つことで目標は実現できる

真佐美　なぜ、目的・目標を明確にすることが大事なんですか？

サルトル先生　「人間は、本来成功するようにつくられている」と考えられています。人間は、ほかの動物たちと違い、ただ単に生きるだけでは満足しません。精神的な高みを求め、新たな文明や文化の創造に尽くすなど、より高度な成功を求める傾向を持ち、それを実現する力を生来的に持っています。つまり、すべての人間には、成功へのメカニズムが備わっているともいえます。

真佐美　生まれながらに、成功へのメカニズムが備わっていると？

サルトル先生　そうです。そして、目的・目標を達成する自分の姿（ｂｅ）は、各人のイマジネーションによって自由に設定することができます。

真佐美　ｂｅの姿をイメージすることに何の意味があるんですか？

サルトル先生　脳は、実際の経験と想像上の経験との区別が苦手です。それゆえに、

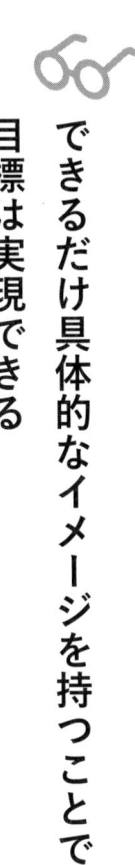

想像上の経験を積んでおけば、実際の経験を想像上の経験に近づけることができるのです。しかも、想像上の経験が具体的かつ鮮明であればあるほど、そうなります。想像上の経験、つまり、イメージをより鮮明にするために、頭の中で視覚化のエクササイズを積むことで、新しいセルフイメージの構築がよりスムーズに行えるのです。

真佐美　脳をだますということですか？

サルトル先生　表現はよくないけれど、そういうことですね。脳のこの機能を使って、be、すなわち、どういう自分でありたいかをしっかりイメージし、それまでの自分とは違う、新しい自分を生きるのです。

真佐美　そんなことできるのですか？

サルトル先生　やれば、できます。

真佐美　もし、beが「神業《かみわざ》を起こす自分」だとすれば、自分が神業を起こしている様子をできるだけ具体的にイメージすればいいのですか？

サルトル先生　そうです。たとえば、野球であれば、満塁でバッターボックスに立ったときに、走者一掃の満塁ホームランを打つことをイメージする。そのとき、一塁にはAさん、二塁にはBさん、三塁にはCさん、とメンバーを配置し、そのときの天候や球場の看板までもイメージします。すると、実際の試合で同じような場面に遭遇したとき、その状況は経験として脳に残っているので、パニックになったり、緊張で手が震えるようなことはなくなり、平常心で打席に立つことができます。そして、本当に満塁ホームランを放つ、という神業を生むことも可能になるのです。

真佐美　人間の脳ってすごいですね！　私も、どんな自分になりたいのか、まずｂｅをでっちあげるところから始めてみます。

――それから真佐美さんは、サルトル先生のアドバイスに従って、「みんなをサポートする自分」「おもてなしの自分」を投企することから始めた。すると、お客様の前でお茶をこぼしたり、昼休みに爆睡するようなことはなくなり、だんだん上司から信頼され、重要な仕事を任されるようになってきた。

しかし、彼女には「サルトル先生のように、人生における大切なことを人に教える職業に就く」という目的・目標があったので、数年の後に惜しまれながら会社を退職した。

今は、サルトル先生のお手伝いをしながら、目標に向かって勉強に励んでいる。私生活では、自分の意思で素敵な男性とお付き合いをするようになり、やがて結婚、子宝にも恵まれ、しあわせに暮らしている。

サルトル先生の授業のポイント

自分がどうありたいかを決めると結果が出やすくなる。目的と目標を分け、目標はできるだけ明確にイメージする。

コラム4

サルトルは過去を捨てながら生きた

ジャン＝ポール・サルトルは、1945年に、モーリス・メルロ＝ポンティ、シモーヌ・ド・ボーヴォワール、レイモン・アロンと一緒に、雑誌『現代』を創刊しました。創刊にあたって、作家は時代から逃れられない存在であり、ファッションなどと同様に、やがて時代遅れになる存在であることを自覚すべき、と述べています。また、時代遅れにならないものを追求する作家の姿勢を批判しています。

サルトル自身、批判を恐れずに、過去にこだわらず、常に今を生きる人たち、つまり、同世代を生きる人に向けて書き続けたのです。

サルトルの一番の強みは、過去を捨てられることでした。こだわりなく、常に目の前のことに向き合うことができました。

もし、「この前と言っていることが違うじゃないか」と指摘されても、「それは、そうだろう、人間は変わるのだ」と反論しました。そのため「サルトルはアイデアを十分解きほぐさないうちに飾りたてようとする!」との批判を浴びました。また、サルトルと一緒に雑誌づくりをしていた人たちも、「彼を信じることができない」と言って離れていきました。

しかし『第二の性』の著者として日本でも人気の高い作家のボーヴォワールだけは、サルトルのもとを離れませんでした。彼から届いた手紙の最初の挨拶が、「新しい理論を思いついた!」であっても、です。

「今を生きる」ことを重視した、サルトルらしいエピソードです。

STORY 5

他人の判断で生きるのをやめる

一人ひとりの人間が、
究極の絶対的な自由を持っている。

（ジャン＝ポール・サルトル）

勤めている一部上場企業を退職し、しばらく旅をして、その後起業をしたい、と漠然と考えている30代の服部敬一さん。しかし、会社を辞めることには、一抹の不安と罪悪感を抱いている。

「当たり前」を疑う

服部　10年以上、サラリーマン生活をしてきましたが、もう会社勤めはしたくありません。というか、ひとまず、仕事そのものから離れた生活を送ってみたいのです。

サルトル先生　そう。じゃあ、会社を辞めたらどうですか？

服部　でも、仕事をしないでブラブラしているのはいけないことですよね。

サルトル先生　それは、あなたの考えですか？

服部　……。

サルトル先生　「仕事をしないでブラブラするのはいけないこと」と、誰が決めたのですか？

服部　常識ですよ。

サルトル先生　常識？　その常識は誰が決めたのですか？

服部　……。

サルトル先生　「人間は仕事をするもの」「人間は働くもの」という考えが、社会に浸透しているからにすぎない。「人間は仕事をすること」があたかも人間の本質であるように、考えられているからにすぎない。違いますか？

服部　この社会で生きている以上は、社会で当たり前になっていることに従ったほうがいいと思ったりもしますが……。

サルトル先生　だとすれば、あなたの人生は、社会の「当たり前」によって指示されて、つくられることになりますね。

服部　まあ、そうです。

サルトル先生　しかし実際は、どんな「当たり前」も、どんな「道徳的な考え方」も、あなたに指示をすることはできない。「仕事をしないでブラブラするのはいけない」という考え方があったとしても、それに対して、**意味を選ぶのはあなた自身**です。「なるほど、仕事をしないでブラブラするのはいけない、という考え方がある。けれど、自分はそうは思わない」と決めれば、一瞬にして「仕事をしないこと」はいけないことではなくなります。

服部　意味を選べる？

サルトル先生　そう。違う例を挙げましょう。

会社をクビになったとします。

ある人は、マイナスの意味づけをして、「明日からどうやって生きていこう」と絶望の淵に立たされたイメージを持つかもしれません。

でも、ほかの人はプラスの意味づけをして、「ブラックな会社だったから、クビになってせいせいした。久しぶりに自由な時間が手に入った」と思うかもしれません。

人はいつでも自由であり、いつでも意味を選べるのです。

服部　なるほど。

サルトル先生　あなたが仕事をしないのであれば、「仕事をしない」という事実があるだけです。それが悪いことかどうかは、人の評価や社会通念上の常識にすぎません。

あらゆる常識、社会通念は、疑う必要があります。

服部　「あらゆることを疑う」という意味にもとれますが。

サルトル先生　そう、私が話していることさえ、疑ってみる。「それって、本当ですか？」と。

服部　そんなふうに疑うことで、僕は何か得をするんですか？

サルトル先生　他人や常識に左右されない生き方を手に入れることができます。自分の人生は、周りの評価や、常識によって形づくられるものではない。自分自身がつくるものなのです。

道徳でさえ自分でつくっていい

服部　自分の人生は自分自身がつくる？

サルトル先生　そう。自分に関わるあらゆることは、自分でつくるべきなのです。

この間、ある女性から、こんな相談を受けました。

「父が要介護状態になっています。自分が仕事を辞めて、自宅で面倒を見なければ、施設に入れることになりそうです。母と死別した父は、長年、男手ひとつで私を育ててくれました。父を施設に預けてしまうことは、恩をあだで返すような気がしてなりません。だからといって、生活のこともあるので、すぐに仕事を辞めるわけにもいきません。どうしたらいいですか？」

服部　介護をしたいけれど、仕事は辞められない？　僕の周りにも、そういう人、結構います。

サルトル先生　最近は、多いですね。しかも、彼女は小学校の教員で、「1年生を受け持ったばかりなので、今辞めてしまったら、子どもたちや保護者に迷惑がかかりそう」と、とても悩んでいました。

服部　悩ましい選択ですね。

サルトル先生　でも、辞めるにせよ、辞めないにせよ、どちらの選択にも優位性はないんです。

私は、彼女にこう言いました。

「あなたは結局のところ、自由です。どちらかを選んで、自分で人生をつくっていきなさい」と。

服部　ちょっと突き放したようにも聞こえますが……。

そもそも入学したばかりの1年生の担任であるにもかかわらず辞めてしまうのは、職業倫理的にも問題があると思います。

サルトル先生　職業倫理？　**どんな倫理や道徳も、人間が何をなすべきかについて、命令することはありません**。自分が選び、つくったことが、倫理となり、道徳となるのです。言い換えれば、選択や決断を通して自分自身を創造していくということです。だからこそ、自分でよくよく考えて選ぶべきなのです。

自分で選びたまえ！

サルトル先生　あまりピンと来ていないようなので、選択の話をしましょう。ここにペンと鉛筆があります。あなたが今何かを書くとしたら、どちらを選択しますか？

服部　ペンを選択します。

サルトル先生　では、ペンを手にとってください。

服部　とりました。

サルトル先生　なぜそれを選択したのですか？

服部　水色のペンだったからです。水色が好きなので。

サルトル先生　ほかには？

服部　なんとなくいいと思ったからかな。

サルトル先生　ほかには？

服部　うーん……。わかりません。

サルトル先生　よろしい。では、なぜ選んだとわかるのですか？

服部　え？……だって手に持っているからです。

サルトル先生　そうすると、選択とは、「自分で選び、自分の手に持っていること」だということがわかりますね？

「選択」には「一定の立場のもとに不要なものを捨て、必要なもの、正しいものを選び取ること」といった意味があります。それを踏まえると、改めて選択とは、考慮のあと、つまり、いろいろ考えたあとに自由に自分で手にとることだといえます。

服部　なるほど。水色が好きだからとか、書きやすいとかは、選択ではなく考慮なんですね。腑に落ちました。

サルトル先生　別の言い方をすれば、手に持っていること、自分の人生にあること、起こっていることは、すべて自分が選択したものともいえます。

　では、あなたはこれまでにどんなことを選択してきましたか？

服部　学校や会社かな？

サルトル先生　ほかには？

服部　わかりません……。

サルトル先生　実はあなたは**あなたの人生のすべてにおいて、選択をしているのです。**両親やきょうだいなどの家族、学校、自分の性格も、です。あなたが持っているものは、すべてあなたが選択しています。

服部　えっ、親やきょうだいもですか？

サルトル先生　もちろんです。全部自分で選んでいると思うと、どんなことが可能になりますか？

服部　……。

サルトル先生　**人生の中ですべてを自分で選んでいるのなら、自分で人生を操縦する**

ことが可能になるのです。あなたは、右に行くのも、左に行くのも、前に進むのも自由です。

ただし、選んだ以上は、自分で責任をとることです。

あなたが車で抜け道をしようと路地に入ったら、行き止まりだった。それは、あなたの責任。周囲の車の流れに従った結果、道を間違えたとしたらどうか？　それも、車の流れに従うという選択をしたあなたの責任です。

何かを選ぶときには、常に自分に責任が生じると覚悟して、選ぶべきなのです。

人間は自由の刑に処されている

サルトル先生　私自身は無神論者ですが、もし、人間を生んだのが神だとすれば、神の言う通りに生きるしかありません。

日本にはかつて、将軍や殿様のような独裁者が治めた時代がありました。そういう時代は、独裁者の言うことに従うしかなかった。それでは、人間はまるで「物」と同じです。

椅子は最初に座るものとして、椅子としてつくられます。そして、「椅子として生きていきなさい」と言われたかのように、椅子としての運命を全《まっと》うしていきます。

独裁者の時代も、「あなたは畑を耕す人として生きなさい」と言われた人は、言われたままに生きていた。もちろん、畑を耕すことが悪いというわけではありませんよ。ただ、そうやって決められて、ひとりの人間、個として扱ってもらえない時代があったということは、事実です。

でも、今の日本には独裁者はいないし、人の行動を拘束する神はいないと考えたのなら、人は、あらゆることを自由に決めていいのです。あなたも、自由に生きていい。

服部　でも、「自由だよ」「何をしてもいいよ」と言われると、逆にどう動いたらいいのか、わからなくなりそうです。

サルトル先生　そういう人は少なくないでしょう。自由というより、「こうしなさい」と言われたほうが動きやすいからです。

あるとき、A子さんという人から、こんな相談を受けました。

A子さんは「会社に行くのがつらい」と思いながらも、我慢して毎朝電車に乗り出社し続けていましたが、あるとき、念願叶い、会社を辞めることになりました。そうしたら、「毎日何をしていいかわからない。つらい」と思うようになったのです。昼食をひとりで食べるのがさびしいからと、勤めていた会社の近くまで行き、元同僚を誘って、ご飯を食べることもあるそうです。

A子さんは、組織の束縛から解放されたことで、逆に不安を感じてしまったのでしょう。つまり、自由になったらなったで不安が増えていく。人は自由の刑に処されているともいえますね。

服部　A子さんの気持ち、わかるような気がします。

サルトル先生　決められたレールの上を歩くのは、ある意味、楽です。誤解を恐れずに言うならば、大企業に勤めていたり、公務員だったりしたら、収入面で不安を感じることが少ないので、将来も保証されていると感じ、安心感を持ちやすい。そつなく、まじめに働いていれば、どんなルートで人生を進んでいくのか、だいたい見える。つまり、答えはすでに用意されている。一方で、会社などの組織に属していなければ、自由ではありますが、答えのない、厳しく、険しい道を歩まなければならないことにもなります。

服部　だから、怖いのです。

サルトル先生　わかります。でも、恐怖心は、自分の考え方しだい、努力しだいでどうにでもなりますよ。答えのない険しい道の中で、自由に自分をつくり上げていってこそ、自分らしく生きられるのではないでしょうか。

人は過去にさえ拘束されていると見なすべきでない

服部　自由に自分をつくり上げることができれば、本当に理想的ですね。今の計画では、仕事を辞めたら、しばらく海外を旅して、そのあと起業できれば、ってぼんやりと思っています。

だけど、そのことを親や同僚に話すと、「お前はついこの間まで、『安定した会社で一生働きたい』と言ってたじゃないか」って言われてしまう。あらゆる選択に責任が伴うとしたら、自分が過去に言ったことについても責任を持つべきなのでしょうか？

サルトル先生　考えを変えたのなら、変えたことに対して責任を持てばいい。生きる上では、過去を含むことも大切です。しかし、100%過去ばかり見て生きないことです。

車を運転して前に進んでいると、前方からしか景色は流れてきません。ときどき、バックミラーで後方を確認することもありますが、基本的には、過ぎ去っていくだけです。バックミラーばかり見ていたら、危なくて前に進めません。過去と未来も、それと同じです。

人生は、常に未来に向かって進んでいます。明日、あるいは次の瞬間、どんなことがあるかわからない。そんな中で、自分が誰として生きるかは、自由です。

服部　極端な話、昨日まではラグビー選手だったのに、「今日からはサッカー選手として生きます」と宣言してもいいんですか？

サルトル先生　もちろん、ありです。

服部　昨日までは、「一生結婚しない」と言っていたのに、急に結婚するのもあり？

サルトル先生　まったく問題ないでしょう。これまでこうだったから、これしかできない、ということはありません。過去の自分と違う自分でもいいんです。

人間は他人に拘束はされないし、自分の過去にさえ拘束されるべきではありません。

「何をしたい」「どんな人間として生きたい」というのは、自由。誰でも自分で創作した自分になれるんです。

人は毎日、毎秒、過去を脱ぎ捨てている

服部　でも、昨日と今日で言うことが違う人は信用できない、ということにはなりませんか？　軽蔑の目を向けられそうです。

サルトル先生　そういう目を恐れていては何も始まりません。「昨日のことは昨日、今日のことは今日」と思えばいいんです。

服部　手のひら返しという感じにならないかな。

サルトル先生　なってもいいじゃないですか。もっといえば、昨日の自分は昨日の自分であり、今日の自分とは違う。人間は常に毎日、毎秒、瞬間瞬間で過去の自分を脱ぎ捨てて、新しい存在になっているんです。

服部　自分を脱ぎ捨てている？

サルトル先生　そうです。「脱自」といいます。文字通り、自分を脱ぎ捨てている。昨日は昨日、今日は今日、人間は、「今に生きていることこそが重要」なんです。

だって、世の中だって常に変わっているでしょう？　川の流れをごらんなさい。昨日の川の水と今日の川の水は同じですか？

同じように、世の中は絶えず変わっている。それと同じ、自分だって変わっていいのです。

服部　たしかに自然界も、世の中も、絶えず変わっていますね。

サルトル先生　それに、「今の自分の考えは、昨日までの考えと違う。そんなんじゃダメだ」と否定することは、新しい発想にフタをしてしまう行為。発想はもっともっと自由でいいんです。

もし、自分がどう在りたいか定まらないのであれば、「昨日の自分と今日の自分は違う。私は、自分がまだ定まっていないんです」と周りの人に伝えればいい。昨日と違う自分、昨日と違う相手にOKが出せると、自分自身を発展させることが可能になるでしょう。もちろん、すべては自分自身の責任において、ということですが。

世の中には何も起きていない、と考えよ

服部　なるほど。でも、僕は、どうも他人のことが気になるタイプのようです。

サルトトル先生　誰でも他人のことは気になります。他人のどんなところが気になりますか？　最近起きたことを具体的に話してみて。

服部　会社の同僚内でＬＩＮＥグループがあるのですが、渡辺さんという同僚が、僕にだけメッセージを送ってこないのです。なんか意地悪をされているような気がします。

サルトトル先生　それは本当ですか？　たまたまあなたに送り忘れただけではありませんか？

服部　いえ、そうではないはずです。だから、職場ですれ違っても、目を合わさないようにしています。

サルトトル先生　渡辺さんは何とも思っていないかもしれませんよ。

服部　でも、彼も僕と目を合わせません。やましい気持ちがあるからだと思います。

サルトル先生　あなたが避けたからではないですか？

服部　……。

サルトル先生　実は渡辺さんは、あなたにメッセージを送り忘れたことすら忘れているかもしれません。あなたが、「なんで、僕にメッセージを送らなかったの」と聞いたら、「あっ、ごめん、送っていなかった？　入れ忘れた。すぐに送るね」となって、あっという間に、解決するかもしれません。

服部　でも、渡辺さんには言いづらいです。

サルトル先生　こんなふうに考えてみてください。

「世の中には、本当は何も起きていない。社会で起こることのすべては、自分の中だけで起きている」

「事件は自分の中だけで起きている」

と。

服部　世の中には、本当は何も起きていない？

サルトル先生　そうです。だって、あなたの周りで起こるあらゆることは、もっといえば、あなたが「起きている」と実感していることは、あなた自身が「在ること」として認識しない限りはない。「無」なのです。

服部　僕自身が「在る」と思わない限り、無？

サルトル先生　そうです。そんなふうに考えることができれば、あなたの妄想が広がることもない。

服部　妄想？

サルトル先生　そうです。

「渡辺さんはなんて意地悪なんだろう。僕が何か悪いことしたのかな。それにしても、この部屋の中は寒い。いや、渡辺さんが意地悪するから、僕の心が冷えてきて、体まで寒く感じるんだ。でも、こんなふうに渡辺さんを無視する僕もイヤな人間だな。僕って本当に人間失格……」

こんなぐあいに、妄想が四方八方に広がると、収拾がつかなくなります。渡辺さんはともかく、ほかの人まであなたと関わりを持とうとしなくなります。

そうならないためにも、「世の中には、本当は何も起きていない、無だ」と考えて、自分の中で折り合いをつけるのです。

服部　それは、いい考えですね。でも、僕がその境地に達するようになるまでには、まだまだ時間がかかりそうです。
もし、無と考えられないのだとしたら、どう折り合いをつければいいですか？

サルトル先生　自分の中の渡辺さんを許せますか。許せたら、自分の中で問題をおさめることができます。

服部　今のままでは、なんとなく許せません。

サルトル先生　では、どうしますか？　渡辺さんにＬＩＮＥの件について直接聞きますか？

服部　……わかりました。覚悟を決めます。渡辺さんと話してみます。

サルトル先生　その結果、自分の中で折り合いがつけられるようになるといいですね。

結局のところ、自分の中で折り合いがつけば、人間どうしの争いごとは減り、世の中全体が平和になるのです。

地獄とは他人のことだ

服部　もうひとつ、いいですか？　僕は、他人からの評価もすごく気になるタイプなんです。ＬＩＮＥで自分の悪口を書かれているのをたまたま目にしたことがあって、すごくショックでした。それ以来、以前にも増して、周りからの評価や評判を気にするようになりました。

サルトル先生　他人からいつも見られている気がしてならないわけね。他人の視線を気にするあまり、針のむしろに座っているような気になり、こう思うときもあるかもしれませんね。「地獄とは他人のことだ」と。

　あなたが他人から見られていると意識する瞬間、それは「自分の評価を相手にゆだねた瞬間」でもあります。このとき、あなたは**他有化**されます。**存在そのものが他人のものになる**ということです。

　それにしても、なぜ、見られているとわかるのか？　それはあなたが相手を見るからにほかなりません。

服部　じゃあ、ＬＩＮＥを見なければいいと？

サルトル先生　そう、見なければいい。こんなふうに考えてみて。

あなたは、周りからの評価を気にしてクヨクヨしている。そのクヨクヨの原因、つまり、周りからの評価や評判は、一見、在るように見えています。でも、実際には無いのです。

もし、誹謗中傷《ひぼうちゅうしょう》を書かれたとしても、それを「見たから在る」、人から「聞いたから在る」のであって、「見たり聞いたりしなければ、無い」わけね。あなた自身が、見ないとき、聞かないとき、あなたへの誹謗中傷が在ると、どうして言えるのでしょうか？

自分の判断で生きるための、人生の土台をつくる

サルトル先生　あなたは、自分の判断で生きていくことをもっと学ぶ必要がありますね。人はみな、自分の判断で生きていかなければなりません。それがすなわち、真に

自分らしく生きるということです。

服部　自分の判断で、自分らしく生きるにはどうしたらいいのでしょうか？

サルトル先生　いつもインテグリティを意識することですね。そうすると、自分らしく生きる土台がつくられます。

服部　インテグリティってなんですか？

サルトル先生　Integrityと書きます。そこに『英和中辞典』がありますね。調べてみて。

服部　「正直、誠実、高潔、清廉、潔白」と書いてあります。

サルトル先生　そうですね。辞書の中には、「あるべきところに、あるべきものがある状態」、もっといえば、「完璧な状態」と書いてあるものもあります。

服部　ちょっと混乱してきました。僕にも理解できるよう、意味をひとつに絞ってもらえたら。

サルトル先生　では、ここでは、「正直さ」「誠実さ」として捉えてください。

基本的には、自分に対して正直に、誠実でいること。そうすることによって、他人の言動にいちいち心動かされることなく、しっかり地に足の着いた人生を歩むことができます。

服部　なんとなくわかってきました。

サルトル先生　ところで、人によってインテグリティの基準には差があります。

服部　ああ、それはわかるような気がします。たとえば、僕はジョギングが趣味ですが、毎日2キロも走れば、「今日も誠実に走った」と思う。けれども、別の人にとっては、毎日5キロ走ることが「誠実に走ったことになる」というようなことですか？

サルトル先生　そうです。また何をもってインテグリティとするかも、人それぞれです。

ある人にとっては、インテグリティは思考と言葉と行動が一致していることかもしれないし、別の人にとっては、街でお年寄りや体の不自由な人を見かけたとき、すぐに手をさしのべることかもしれない。その人のインテグリティは、その人自身が知っています。

服部　インテグリティの基準についてですが、何か目安のようなものはありますか？

サルトル先生　レベルがあります。

1．約束を守る

←

2．ルール、規則、基準に忠実である

←

3．自我に忠節である

いつも自分の内側に目を向けていないと、この3つの区別すら存在しません。理想は、すべてのレベルを常に認識し行動することですが、特にレベル3が重要です。

服部　レベル3までいくには、なるべく正直や誠実でいることが大事なんですね。

サルトル先生　そうとも限りません。だって、人を傷つけてまで正直であるべきですか？　人を犠牲にしてまでも誠実であるべきでしょうか？　ときにはウソをつかなければならないときもあります。

そんなときに、自分が知っていてついているウソと、知らないでついているウソとでは、インテグリティのレベルはまったく違います。もちろん、知っていたらウソをついてよいということでもありません。自分の内側が波立っていない、自分の内側に完全に気づいている、これがインテグリティのレベル3の条件です。

服部　自分の内側に気づくのは難しそうですね。

サルトル先生　そんなに難しいことではありません。**「インテグリティの掃除」を試してみてください。この掃除が、人生の達成と密接に関わってきます。**

服部　どうやるのですか？

サルトル先生　簡単です。次のことを実践してみてください。

【インテグリティの掃除】

①「やる」と言ってやっていないことを書き出す。

②「やらない」と言ってやってしまったことなど、後悔していることを書き出す。

③自分に聞いて、ＯＫを出せないことを書き出す。

①については、やるかやらないか決める、やるならいつまでにやるか決める。

②③については、そのままで許すかどうか決める。そのままで許せないときは、何をすれば許せるのかを書き出す。その行動が現実的でない場合や、何をすればよいかわからない場合は、頭の中の「保留ボックス」（56ページ）に入れる。

具体例を挙げると、

①書き出したこと：「食器の洗い物を片付けて寝る」と言ったのに、そのまま寝てしまった。

←

気持ちよく朝を迎えるために、毎晩洗い物を片付けて寝る習慣をつける。今晩から実践するため、忘れないよう、「寝る前に洗い物」と紙に書いて、キッチンの見えるところに貼っておく。

②書き出したこと：「腹八分目にしておこう」と思ったのに、またたくさん食べてしまった。

←

自制がきかず、いつも同じことをくり返してしまう。そこで、夫に、食べすぎていたら、その場で注意してもらうように頼む。

③書き出したこと：「どうせダイエットしたって、すぐにやめるくせに」と、母に余計なことを言ってしまった。

↓
言った自分をそのまま許し、母を見守ることにする。

ポイントは、小さなことでも「不完了項目を完了させる」ことです。

服部　これを毎日やるのですか？

サルトル先生　最初は毎日やってみてください。慣れたら3日に1回、1週間に1回などのように、自分のペースで行ってみて。

人間は、無意識に生きています。**定期的にインテグリティの掃除を行うことによって、無意識の意識化が可能になります。**同時に、「自信のある、何事にも動じない自分」を発展させることにつながります。先ほどもいいましたが、インテグリティを意識することで、自分らしく生きられる土台がつくられます。あなたが、起業を考えているのなら、今、人生に迷っているのなら、まずは、インテグリティの掃除で、いつも自分に誠実に生きているかを確認するといいでしょう。

人間というのは、「今」というこの時に生きる存在。言い換えれば、現在という時間の中にしか存在しません。だから、生きている限り、人生全体を見通し、人生全体を視野におさめることは不可能です。「生」というのは知らないうちに、背後から忍びよってくるもの。気がつけば、人は人生の中に投げ込まれているといえるでしょう。

自分は常に「投げ込まれた器」の中にいることを自覚できたら、自分自身を創作することが可能になります。さらに、インテグリティを持って生きていけば、自分らしく生きることの土台づくりが可能になるのです。

――他人の目、社会の目が気になって仕方なかった服部さんだったが、インテグリティの大切さを学び、結局、会社を退職した。

親や同僚などから、いろいろ意見されたが、インテグリティの掃除によって、自分らしく生きることの土台が固まりつつあったので、決心がぐらつくことはなかった。

今は海外を旅しながら、自分らしさの確立とビジネスでの成功の両立を目指し、新規事業の構想を練っている。

サルトル先生の授業のポイント

人間は、他人にも、道徳にも、自分の過去にすら拘束されない。自由に生きていい。

インテグリティの掃除で、自分らしく生きる土台をつくる。

コラム5 「アンガージュマン」のこと

ジャン＝ポール・サルトルの実存主義と切り離せない考え方に、「アンガージュマン」があります。

「拘束」「約束」などの意味を表すフランス語で、エンゲージリング（婚約指輪）の語源にもなっている、と聞けばイメージしやすいかもしれません。

サルトルは、アンガージュマンに「自己拘束」「社会参加」という意味をもたせています。

人間は自由であり、選択も自由にできる。ただし、自由に選択する以上は、責任を引き受けることになる。そして、社会で生きている以上、自分の選択は社会に対しても責任がある、ということです。

たとえば、ゴミの分別について。ゴミはリサイクルできるものと、そのままゴミとして処理するものとに分けられますが、人によっては、無意識に、分別しないで捨ててしまっていることもあります。あるいは、「私ひとりくらい分別しなくても、地球環境には影響がないだろう」と、分別せずに捨てることを選択しているかもしれません。

一見すると、「自分だけ」の問題に見えます。でも、無意識にやっているにせよ、多少意識的であるにせよ、「ゴミを分別しないで捨てても環境には影響ない」という立場を表明したことになります。そして、誰かが見ているか、見ていないかにかかわらず、人類史上に「ゴミを分別しないで捨てた」という記憶は刻まれるのです。その選択が大きいか小さいかにかかわらず、人類史上に影響を与えている、ということです。

つまり、自分が行う選択の一つひとつが、多少なりとも社会に影響を及ぼす。そういう意味で、私たち（自己）の選択は、拘束されているのです。

言い換えれば、私たちが何らかの選択をするときは、常に社会に対する責任を伴っている、ということです。

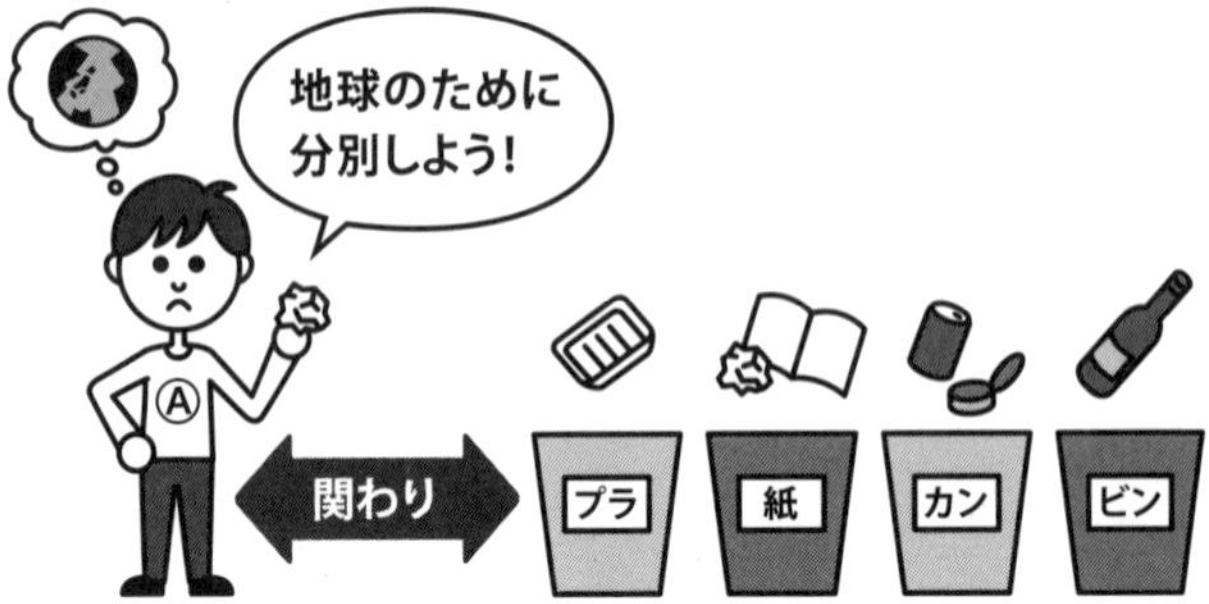

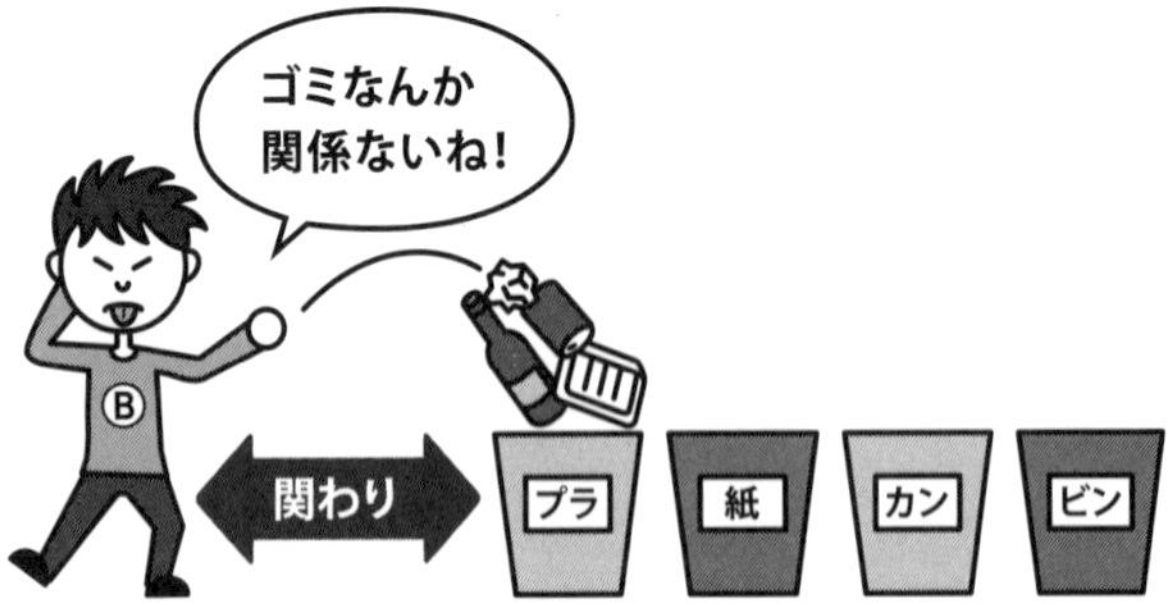

ⒶⒷどちらもゴミに関わっている

人間は時代・状況・世界に、そもそも参加している

としたら、あなたはどう関わる?

それも自由

責任は、「自分に対して」と「全人類に対して」二つあるということ。もし何かに対して沈黙をするなら、沈黙を選んだことになります。戦争を傍観するなら、戦争をただ傍観することを選んだことになる。サルトルは、「あなたは社会にいる以上は、社会で行動をする必要がある」と説きました。

サルトル自身もこの思想に基づいて行動しました。

１９６４年、サルトルは59歳のとき、ノーベル文学賞に選出されました。しかし、自分がノーベル賞を受けとるということは西側の文化を擁護するのと同意だとして、受賞を辞退しました。

またサルトルは、ボーヴォワールと「契約結婚」をしました。法律や社会の常識にとらわれない新しい男女関係が注目を浴びました。結婚というかたちをとることで、社会が決めた制度に従うことになると考えたからかもしれません。

STORY 6

すべては自分の責任と考えて生きる

実存主義は最初に何を行うか？
一人ひとりの人間があるがままの
自分を把握《はあく》し、
自らの実存について全責任を
負うようにさせる。

（ジャン＝ポール・サルトル）

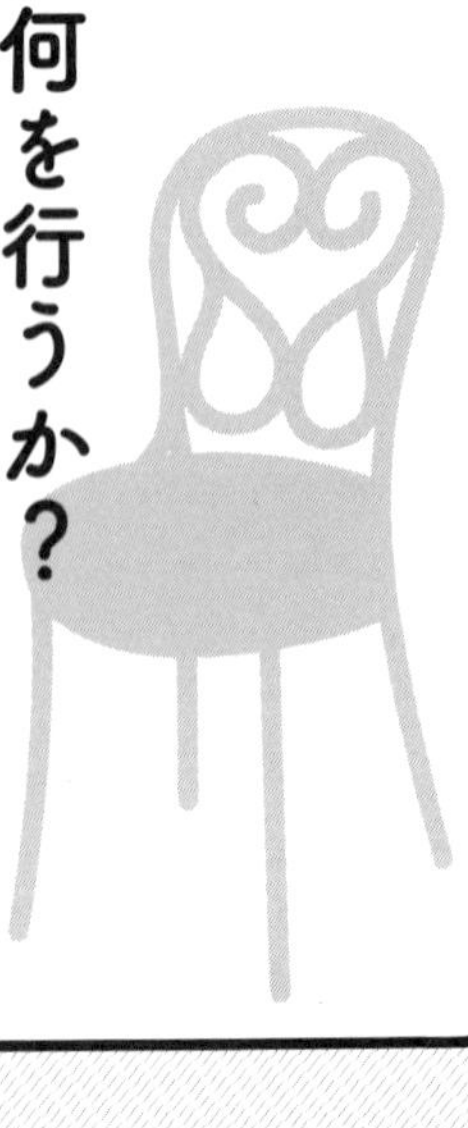

今日の塾生は、とある会社の課長職の田中康二さん。部下にミスが多く、つい怒鳴りがちの日々。部下は萎縮《いしゅく》して、課の雰囲気も淀んでいる。先日もそんな空気に耐えかねて、新入社員が入社半年で退職してしまった。田中さんは思いつめて、塾の門を叩いた。

「すべての源は私です」から始める

田中　うちの課員はミスが多く、しかも「〇〇のせい」と、すぐに責任転嫁《てんか》をします。そんなこともあって、課の成績はどんどん下がっています。

サルトル先生　責任転嫁ですか……。わかりました、今日は責任についてお話ししましょう。

　ところで田中さん、自分の人生に関わるものって、誰が選択しているか、わかりますか？

田中　誰って……。自分ですか？

サルトル先生　そうです。すべて自分が選択しているんです。ミスもそうです。

田中　仕事上のミスもっていうことですか？

サルトル先生　当然です。あなたが選択しています。

田中　まあ、私も人間ですから、ときどきはミスをします。「選択」と言われると、どうかな、とは思うけど、「私が犯したミスは私が選択している」というのはなんとなく理解できます。

サルトル先生　田中さんご自身のミスだけではありません。田中さんの部下のミスも、田中さんが選択しているのです。

田中　ええっ!?　部下のミスまで私が選択している、ということですか？　それはちょっと理解できないです。

サルトル先生　部下はあなたと関わっていますね。あなたに関わる部下のミスなら、あなたの選択なのです。

　ここで、もうひとつ質問をします。あなたが選んだミスは、誰の責任ですか？

田中　私の責任ですか？

サルトル先生　そうです。あなたが選択したのだから、職場で遭遇したミスは、部下のミスを含めてすべてあなたの責任です。「すべての源は私です」から対応を始めてください。

田中　？？？　納得できません！

サルトル先生　多くの人がそう言います。

でも、世の中で起こっていることのすべては、自分が源。そして、自分の人生に起きたミスであれば、自分が起こしたとしか言いようがないのです。

犯人探しをしないと仕事が効率的になる

田中　そう言われても、どうも腑に落ちません。

サルトル先生　でも、そう考えて、仕事に取り組むと作業効率が格段によくなります。

田中　それは、どういうことでしょうか？

サルトル先生　多くのケースでは、ミスが発生すると次のような流れが起きます。

ミス発生
←
犯人探し
←
ミスへの対処

誰もが、すぐに犯人探しをしたがるわけです。でも、すべてのミスが自分の責任だとわかっていれば、「あいつのせい」「こいつのせい」と言って、人のせいにすることがなくなります。最初に犯人探しをする必要もない。するとどうなりますか？

田中 犯人探しに時間をとられない？

サルトル先生 そうです。「犯人探し」のステップをスルーできるので、すぐに、ミスへの対処のステップに進めます。

もし、あなたの会社の人すべてが、ミスが起きたらすぐに自分の責任だと感じて対応策を考えるようになれば、どうなると思います？

田中　圧倒的に効率化が図れそうです。

サルトル先生　そう。誰がどこでミスを犯したかということは、あとで自然とわかってくるものです。**事が起きたときには、まず、全部自分の責任として対応する。そうすれば、早く収束に向かいます。**

雨が降ってもあなたの責任

サルトル先生　そもそも、責任ってどういうことかわかりますか？

田中　自分がしでかしたことに対し、自分できちんと処理をすることですか？

サルトル先生　近いです。辞書的に説明すると、次のようになります。

「立場や行動が及ぼす影響に対し、適切な対応が取れること。もっぱらマイナス面での影響がある、あるいはあったと仮定される際に、その損失を自分が及ぼしたものと外的に判断され、反応を要求されることが多い」

私たちは、責任とは何かをしでかしたあとに負うもので、重荷となり大変だと思いがちです。

田中　そうですね。責任というと、あとから肩にのしかかってくる感じがします。

サルトル先生　でも、私は、責任を次のように捉えています。

「すべて私がしました、という立場を宣言する」こと。

「すべての源は私です、という立場をとる」こと。

田中　だから、私に関わるものは、すべて私の責任となるのですね。

サルトル先生　そう、雨が降ってもあなたの責任です。

田中　えっ、雨まで私の責任ですか？　雨が降るのは、天気のせいです。

サルトル先生　たとえば、あなたが飲食店を経営していたとします。雨が降ると早く家路につく人も少なくありませんから、売上は下がるでしょう。もし、1年間、毎日雨が降り、ずっと売上が下がり続けたら、どうでしょう。あなたが「天気のせいだから仕方がない」と嘆くだけで事は済むのでしょうか？

田中　……。私にどうしろと？

サルトル先生　自分で考えて。雨が降ってもあなたの責任なら、雨が降ったときに、どういう行動をとるべきと考えますか？

田中　雨が降っても、売上が下がらないようにする。

サルトル先生　具体的に言ってみて。

田中　雨が降ってもお客さんが来るようにするとか。

サルトル先生　もっと具体的に。

田中　たとえば、雨の日は半額セールにするとか。

サルトル先生　それはいいかもしれませんね。すべては自分の責任だと思えば、アイデアはいくつも生まれてくるはずです。

責任は「レスポンシビリティ」「アカウンタビリティ」の2種類がある

サルトル先生　さらに覚えておいてほしいのが、責任には2種類あるということ。「レスポンシビリティ（responsibility）」と「アカウンタビリティ（accountability）」です。

レスポンシビリティのレスは、返事をするの「レス」と一緒です。つまり、自分が対応することについての責任。もっといえば、実務についての責任です。仕事でいえば、しっかりとこなして対応できるほどに、能力給が上がります。

アカウンタビリティは、外部に対する説明責任と訳されます。アカウントは数えられること。具体的に目に見える。言い換えれば、役職に関わる責任です。責任が重い立場の人は、外部に対してしっかり説明責任を果たす必要がありますよね。立場に対する責任を果たすと、役職給が上がります。

会社員は、能力と立場の、2つの責任をとる必要があります。

田中　誰にでも2つの責任があるのですか？

サルトル先生　そうです。

たとえば、飲食店でのレジの仕事でいうと、お客さまを待たせることなく、スムーズに精算をするのがレスポンシビリティ。レジを締めたときに金額とレシートが合っているのがアカウンタビリティです。

ただレジの人には、お客さまから「味が落ちたね。まけてよ」と言われたときに判断できるほどの責任はありません。そのときに呼ばれるのが、マネージメントの責任者ということになります。

両者の区別があると、自分の仕事に関する責任が明確になります。そうなれば、評価がしやすく、給料の交渉もしやすくなります。まさに働きやすい環境ができるのです。

責任は前に投げてとる

田中　ところで、責任はどうやってとっていくのですか？

サルトル先生　前に投げるのです。

田中　前に投げる？　責任を放棄するのですか？

サルトル先生　違います。責任をとる前に、「このことについて責任をとります」と宣言してしまうのです。

田中　責任をとる前から口にするということ？

サルトル先生　なんでも、言葉にすることで存在させるんです。

口にする前は本質がありません。「自分はこの仕事（あるいはプロジェクト）について、責任をとります」と宣言し、責任を実在させる。それによって、責任感を伴った仕事になるのです。

田中　私自身は、何についての責任をとればいいのですか？

サルトル先生　では手始めに、現在の職場で、「ここをこうしたらもっとよくなる」と思うことを挙げてみてください。

田中　生産性がもっと上がればいいと思います。

サルトル先生　では、生産性を上げることに責任をとってください。今なぜ生産性が低いと考えますか？

田中　チェックの甘さが大量の不良品を生じさせ、それが生産性を低くしているように思います。

サルトル先生　そのことに対し、あなたはどう責任をとりますか？

田中　チェックの回数を増やして、不良品を出さないことに責任をとります。

サルトル先生　ほかには？

田中　課員どうしがしょっちゅう、「言った」「言わない」でもめるので、重要なことはメールで共有するようにします。

サルトル先生　それはいいですね。

田中　体調がよくない課員や、気持ちが落ち込んでいたりする課員がミスを連発する傾向があるので、そういうことを長である私に言いやすい雰囲気の職場にします。そして、具合しだいで、休養をとらせたり、早退をさせるよう計らいます。

それから……、家族に頼まれた買い物をちゃんとします。

サルトル先生　？

田中　会社の帰りに妻に頼まれたものを買っておかないと、あとで必ずもめます。翌日、頭からそのことが離れなくて、仕事に集中できずに、ミスをしてしまう……。部下のことをとやかく言える立場ではないんです。だから、妻に頼まれた買い物は責任をもってするようにします。

サルトル先生　それは大事ですね（笑）。仕事上のミスが続いたり、何をやってもうまくいかないというときは、家庭の問題を抱えていることが少なくありません。ミスを連発している部下についても、それとなく聞いてみて、相談にのってあげるのもいいかもしれません。

会議の場でこそ、責任をとりに行く

田中　「責任を前に投げる」とおっしゃいましたが、「これは自分が責任をとったほうがいい」ということは、先にわかるものですか？

サルトル先生　瞬間瞬間で感覚を研ぎ澄ませると、ちゃんと判断ができるようになります。

田中　感覚ですか？

サルトル先生　そうです。今、情報操作という言葉をよく耳にしますね。在ることと無いことがごちゃまぜになり、無いことが在ることのように、逆に在ることが無いことのように報道されたり、発言されたりしている。

　ブログで素晴らしい品質であるかのように紹介された商品を買ってみたけど、全然たいしたことなくてがっかり、ということはよくあります。こういうことが起きる時代こそ、個人の感覚が大事になってきます。

田中　なるほど。

サルトル先生　個人の現実は「体験」です。体験は、自分が目で見たり、耳で聞いたり、手で触ったりして感じる「五感」です。つまり、自分の感覚です。

ところが、情報に踊らされて、自分の感覚をないがしろにしてしまうことは少なくありません。その結果、選択を誤り、後悔して自分を責めるわけです。

会議の場でも同じ。自分は「A案がいい」と思ったけど、みんなが「B案がいい」と言ったから、とB案に同意してしまうことがあるでしょう。

田中　あります。特に幹部クラスが出席する会議ではそうですね。自分とは反対の意見だったり、ちょっと違うかなと思っても、多数の意見に同調してしまう。上の人たちが「いい」と言っているんだから、そっちがいいのかな、って思えてくるんですよ。

サルトル先生　「ちょっと違う」と思ったとき、そのことをきちんと自覚し、責任感を持って、「私はA案のほうがいいと思います」と主張する。その結果、たとえA案が採用されなかったとしても、自分を責めることはありません。無責任に周りに流されて、「みんなが言うから」と同調してしまうと、あとあとまで「自分はそうじゃないのに」という気持ちを引きずり、「自分はダメだな」と責めることになるのです。

田中　そうならないためにも、言うべきことは口にすると？

サルトル先生　そうですね。たとえ役員や部長が反対していても、自分の感覚を大事にして、「私はこっちがいい」と一度口に出してみる。こっちに決まったら、責任はとりますと。

田中　なかなか勇気がいることですね。

サルトル先生　そう。でも、常にそういう態度でいると、責任感を持って仕事ができるようになります。みんなが反対しているけど、自分は絶対にA案がいいと思うから、この案を通すために周囲を説得しようなどといった、自分がやるべきことも見えてきます。会議の場でこそ、責任をとりに行ったほうがいいと思います。

自分の人生に起きることすべては、自分の責任。生まれてから死ぬまで、自分で選び、自分で責任をとり続ける。責任を前に投げて、その立場で生きていくと、「責任をとらなければならない」と思えるようになって、そのぶんパワーが湧いてきます。

無意識では、選択をしたり、責任をとったりできません。意識するからこその選択であり、責任です。今を生き、「責任をとる」という意識を持つこと、それでこそ、自分の人生を発展させることができるのです。

カッとなるのは、アプセットするから

サルトル先生　ほかにも、今困っていることはありますか？

田中　はい。部下に対して、ついカッとなってしまうんです。そのせいか、新入社員がなかなか居着かず、すぐに辞めてしまって……。これも自分の責任なのかと思っています。

サルトル先生　辞めるに至るまでに、具体的にどんなことがあったのですか？

田中　訓練の意味を込めて、新人は、最初からひとりで飛び込みの営業に行かせるのですが、これがなかなかキツいらしくて。この間辞めた新人の場合は、1軒目で門前払いを食らい、ショックを受けてそのままのこのこ戻ってきた。それでつい、厳しく叱ったら、翌日から会社に来なくなってしまいました。

サルトル先生　アプセットですね。

田中　アプセット？

サルトル先生　実存と解釈がごちゃまぜになっている状態を「Upset：アプセット」

といいます。

田中　具体的にどんな状態になるのですか？

サルトル先生　ニュートラルでも、平静な心でもない状態になります。急に腹を立てたり、イライラしたり、キレたり、嫉妬心にかられてしまったりします。

田中　私の場合、まさにそれです。部下にちょっと反論されただけで、カーッとなり、「言い訳をするな！」と怒鳴ってしまう。怒ったあとは、急に悲しくなったりもします。

サルトル先生　そういうことは誰にでもありますし、いつでも起こりうることです。その状態のときは、ほとんど無意識です。現実を見るのではなく、過去のことを思い出したりしてしまうわけです。部下に対してのイライラもそうです。

たとえば、部下のひとりが「営業のレポートを提出しなかった」（実存）というときに、「こいつは、この間もレポートを忘れた」「その前は遅刻もした」「本当にダメなやつだな」（解釈）と思ってしまうとか。現在のことと過去のことがごちゃまぜになって、そこに自分の解釈が加わって思い出されるのです。

他人のことだけでなく、自分についても同様のことが起こります。自分が失敗したとき、「前も同じ失敗をしたな」と思い出すことはよくありますね。

田中　たしかによくあります。

サルトル先生　そんなときに、アプセットの状態になると、失敗を他人のせいにしたり、天気のせいにしたり、あるいは、自分を責めすぎてしまったりします。

田中　それぞれ、よくやります。

でも、一体全体、なんでそんな状態になってしまうのですか？

サルトル先生　アプセットの状態をもたらす状況は、次の3つです。

1つ目は期待が満たされないとき。「こうしてくれるだろう」と思ったのに、そうしてくれなかったときですね。

2つ目は、意図をくじかれるとき。「今日は営業で3件成約をとれる。あとはサインをもらうだけ」と思ったのに、それが達成できなかったようなときです。

3つ目はコミュニケーションがきちんと「配達されない」とき。自分の意図が相手にきちんと伝わっていないとか、あるいは、逆の解釈をされてしまったときです。

これら3つの状況すべてが一気に訪れると大きなアプセットになりますし、1つだと小さなアプセットになります。

新人はいつもアプセットの状態

サルトル先生　あなただけでなく、新人社員こそ常にアプセットの状態です。上司に命じられて営業でアポイントをとろうとしたけれど、断られた。飛び込みの営業でインターホン越しに、「帰れ！」と怒鳴られた。あるいは、「お前なんか二度と来るな！」と塩を撒かれた……なんてこともあるでしょう。

田中　私も新人時代にありました。思い出すと、泣けてきます。

サルトル先生　そんなことは営業のレポートに書けない。そもそも、どう書いていいかわからない。書いたとしても、「イヤなことがあった」とか、概念的な言葉しか見つからない。そこまで書けたらいいほうで、マイナスのことを書いたら評価が下がると思えば、そこから一歩も進まない……。そういうことが続くと、うつ状態になってしまうわけです。

田中　なるほど。そうならないようにするには、どうすればいいんですか？

サルトル先生　営業の仕事の過程では、どうしてもアプセット状態を引き起こすことが起きてしまいます。営業のプロであっても、飛び込みで訪ねれば、「帰れ」と言われることはあるだろうし、意図した通りの結果が出ないこともしばしばです。

あなたにできることは、それをそのまま日報に書いてもらうことです。契約がとれた、とれなかった、という結果だけでなく、不愉快だったこと、悔しい思いをしたことなど、起きたことをありのままに具体的に書いてもらう。たとえば、「1軒目、2軒目、3軒目、すべて断られて泣きたくなりました」「午後からは営業に出向く気力が失せて、ずっと駅前の喫茶店で時間をつぶしました」……。そういうことでいいんです。

田中　そんなことでいいんですか？

サルトル先生　はい。それを上司である田中さんをはじめ、社長や役員が毎日目を通す。すべて起こりうることばかりだし、田中さんや社長、役員にしてみれば、自分が通ってきた道だから、どう対処すればいいかがわかる。経験に基づいてアドバイスもできるし、落ち込みがひどいようなら、「新入社員にしては、上出来じゃないか」と優しい言葉をかけることもできます。

事実が隠されてしまうと、あなたも社長も対処のしようがありません。ですが、事実を明らかにした正直な日報をもとにすれば、すぐに問題解決が図れます。新人もひとりで問題を抱えずに済むから、入社早々辞めるようなことはなくなるし、営業のフォローができるから、新人も早く営業マンとして成長でき、それが会社の業績アップにもつながるのです。

田中　なるほど。

自分観察で「私」を意識化すると冷静でいられる

サルトル先生　日報を正直に書いてもらうことには、もうひとつメリットがあります。アプセットを回避するのにいちばんいいのは、自分を観察することなのですが、これができるようになるのです。

田中　観察？　日報で、できるんですか？

サルトル先生　できます。プライベートなら日記でもいいんです。日報や日記を書かなければいけないとなると、いやでも自分を観察しますよね。自分を観察すると、自分のことを客観的に見られます。

　このとき大事なのは、ちゃんと「私」として、意識的に「観察しよう」と決めた上で、観察すること。すると、もっと自分に気づくことができます。

田中　「私」として、意識的に観察?

サルトル先生　そうです。少し難しい話になりますが、たとえば、手から離れた風船を夢中で追いかけているとき、「私」はそこにはいません。このとき「今、私は何をしているんだろう」と意識すると、「私は風船を追いかけている」とわかる。意識したときに、初めて「私」がいます。こうして自分を意識的に客観視すれば、「今在る」目の前のことに対して、冷静に関係を持てるようになります。

田中　「今在る」目の前のことというと?

サルトル先生　たとえば、風船を追いかけるのに夢中になっているときは、「私」がいませんが、「風船を追いかけるのに夢中の私」に気づくと、「路地から車が飛び出してくるから気をつけよう」というように、冷静になれるのです。

　自分を意識して観察する練習をしていると、だんだん、アプセットの状態から抜け出して、冷静になることができます。

　田中さんの場合も、部下を怒鳴っているとき、意識して自分を観察すると、「私は今、怒っている」ということがわかってくる。さらに慣れてくると、常に「自分自身でいる」ことができます。つまり、心が波立つことなく、いつも平静な気持ちでいられるようになるのです。

――その後、田中さんは課員一人ひとりと面談の場を持ち、責任についての話をした。そして、新入社員には営業のレポートにありのままのことを書かせるようにした。それがきっかけとなって、職場の空気が変わり、課員たちの営業成績がどんどん上がっていった。

サルトル先生の授業のポイント

「すべての源は私です」という立場をとれば、チームのミスが減る。自分を意識化すると冷静でいられる。

コラム6

自由だから人は不安を感じる。不安は自由の証

断崖絶壁があり、崖の外側に狭い通路がついています。下のほうを見ると、荒波が崖にぶつかってしぶきが飛び散っています。この道を歩くとき、人は不安を感じます。「落ちるかもしれない」と。

この道に空き缶が転がっていたとします。強風が吹けば、人間も空き缶も落ちる可能性があります。しかし、人間は、姿勢を低くしたり、地面にへばりついたりして、落ちないこともできます。つまり、自分で落ちないように「投企」する（自分を投げる）ことで、行動を起こし、下に落ちない可能性を生むことができるのです。

人は、物とは違って、自分で企てて行動することで、落ちない可能性を生むことができるのです。

しかも、人は自由ですから、自分で選んで落ちないようにすることもできるし、あるいは、そのまま気をつけないで歩いて落ちることもできる。はたまた、急に気持ち

崖っぷち

不安Ⓐ、安定Ⓑ、チャレンジⒸも、すべて自由

そして、自由だからこそ不安がある

を変えて、崖の下に飛び下りる可能性もあります。

最初は、「落ちるかもしれない」と不安だったのが、自由に選択ができることによって、「自分から飛び下りてしまうかもしれない」という不安が生まれる。

これらのことから、サルトルは、自由だからこそ不安があるし、不安に感じるということは自由の証なのだと主張しました。

STORY 7

今を生きよ

すべての答えは出ている。
どう生きるかということを除いて。

（ジャン＝ポール・サルトル）

ある県の高校野球部の監督が、エース投手の山内君、4番打者の野口君を連れてやってきた。新任だという監督が口を開いた。

「うちの高校は30年以上、甲子園に出場していません。でも、今年のチームは例年になく粒がそろっている。チャンスだと思っています。でも、その前に県予選を勝ち抜かなければなりません。強豪校と違い、うちの選手は大舞台の経験が少ない。メンタル面を鍛えなければ、本番で日頃の実力を発揮できない恐れがあります。かといって、昔と違い、今は根性論やしごきで強くなる時代じゃない。違う方法で一人ひとりの心を強くしたいと願って、ここに来ました」

監督の気迫に圧《お》されながらも、彼らを甲子園に送り出すべく、3週に分けてグループ問答を始めた。

1週目

過去を流すところから始めよう

サルトル先生　私は野球を見るのは好きだけど、二人は野球をするのが好きなのね。

山内君　大好きです。僕はピッチャーだけど、何時間投球練習をやっても飽きません。

サルトル先生　そんなに長時間練習しても疲れないんだ？

野口君　練習では疲れないんですけど、他のチームと試合をしたあとは、どっと疲れますね。

サルトル先生　それはなぜ？

野口君　緊張するんです。打席に立ったとき、「打てなかったらどうしよう」とか、いろいろ考えてしまって……（山内君も無言でうなずく）。

サルトル先生　君たち、いい？　打席で、「昨日は打てなかった」「去年はこいつに負けた」「僕たちいつも負けてばかり」と思っていると、絶対にヒットは打てないし、そもそも勝つことなんてできませんよ。

山内君と野口君　……。

サルトル先生　試合に勝つには、常に「今」にいる必要があります。意識的にせよ、無意識にせよ、「過去」にこだわりがあると、「今」にいるのが難しいのです。

君たちの場合、まず、今の自分の状態を理解するところから始めたほうがよさそうね。つまり過去にこだわりがあるかどうか。そして、過去にこだわりがあるとしたら、それは水に流しましょう。

山内君と野口君　はい！

サルトル先生　さすがに返事が素晴らしいわね。

サルトル先生は、そう言いながら、古ぼけた黒板に蛇口と洗面器の絵を描いた。蛇口からは水が流れ、洗面器には水が溜まっている。

蛇口の水は
つながって見えるけれど
本当は……

一滴一滴に
分けられる

サルトル先生　さて、いいですか、ここに、蛇口があり、そこから水が流れています。その下には洗面器があって、水を受けています。どう見えるかな？　山内君、答えて。
山内君　ダーッと、どんどん水が流れています。
サルトル先生　つながっているように見える？　それとも一滴一滴に見える？
野口君　つながって見えます。
サルトル先生　そう見えるよね。けれど、本当は、水は一滴一滴に分けられます。つながって流れているように見えて、実は細かい粒の集まりです。
人生も同じ。**昨日から今日はずっと続いていて、流れているように見えるけれど、本当は独立している一瞬一瞬がつながって今になっている。**学校に行くまでのことをとってみても、家を出て、ドアを閉めて、横断歩道を渡って、歩道橋を上って、校門をくぐって……、といろいろな出来事がつながっている。一瞬一瞬、常に何か思ったり、考えたり、感じたり、行動したりしながら生きている。
野口君　言われてみれば、そうかもしれません。
サルトル先生　じゃあ、いい？　この絵にある、ダーッと流れている水の一滴一滴が、君たちの毎日だとする。山内君は毎日どんなことを言われている？

山内君　うーん、毎日怒られていますね。

サルトル先生　誰に怒られているの？

山内君　両親や監督、担任の先生にです。

サルトル先生　怒られる理由は？

山内君　部屋を片付けなかったり、練習中にふざけたり、宿題をやってこなかったりするからです。

サルトル先生　では、この一滴はお母さんの怒り、この一滴はお父さんの怒り、この一滴は監督の怒り、この一滴は担任の先生の怒りだとします。この一滴一滴が洗面器に溜まっている。その溜まった水は、どんな名前だろう？

山内君　水の名前ですか？

サルトル先生　好きに名前をつけてみて。

山内君　怒りの水……。いや待て。だらしない水かな。

サルトル先生　その水を溜めたのは誰？

山内君　自分です。

サルトル先生　じゃあ、この水を捨てましょう。

サルトル先生は、黒板に描かれた水の溜まった洗面器をさっと消した。

山内君と野口君　おーっ！
サルトル先生　今までのだらしない君はもういない。今、この瞬間から「だらしないこと」をしなければいい。今から変えればいいのです。
山内君　なるほど。わかりました！

サルトル先生は、ふたたび水の溜まった洗面器を描いた。

サルトル先生　野口君は、どんな名前の水がここに溜まっていると思う？
野口君　勝てない水。
サルトル先生　誰に勝てないの？
野口君　うちの県の強豪チームに。
サルトル先生　どうして勝てないと思う？
野口君　僕は、打席に立ったとたん、怖いってビビッてしまうんです。

サルトル先生　じゃあ、それを流してしまおう。

野口君　えっ？

サルトル先生　打席に立つのが怖かったビビリの野口君は、過去の野口君。勝てなかったのも、昨日までの野口君。そうでしょう？

野口君　ええ、まあそうです。

サルトル先生　だったら、それは消せばいい。**過去は過去。水と同じ、一瞬一瞬全部、分かれている。今とは切り離されている。今とは関係ない。**だから消すよ。

サルトル先生は、水の溜まった洗面器の絵をまたもや消した。

こうして、山内君、野口君の過去のこだわりをあぶり出しては（つまり、一度存在させては）、消していった。

山内君　なぜこんなことやるんですか？

サルトル先生　人間にはね、今まで生きてきた中での、「イヤな思い」が溜まっているという感覚はないし、実際に「イヤな思い」は、今に存在はしていません。なんとなくモヤモヤとした感じとして自分の中に残っているだけです。

「イヤな思い」が内側にあると、誰も消せません。いったん吐き出してしまえば、消すことはできます。

実際には、「無いもの」なのに、「在るもの」にしているのは自分。だから、それをいったん言葉にして存在させ、その上で消してしまえばいいのです。わかったかな？

新しく「誰として生きるか」を決める

サルトル先生　さて、君たちの今までの水は、すべて流しました。じゃあ、空っぽの洗面器にはどんな新しい水を溜める？

山内君　新しい水ですか？

サルトル先生　そうです。山内君はだらしない水でしたね。その君はもういない。今日から新しく誰として生きる？

山内君　**誰として生きる、ですか？**「奇跡を起こす僕」とかでもいいんですか？

サルトル先生　もちろんＯＫ。君は「奇跡を起こす山内」、じゃあ、「ミラクル君」にしましょうか。

野口君はどうする？　試合に勝てないビビリの野口君は、もういない。君は新しく誰として生きるの？

野口君　決してビビらない屈強な僕。新しい水の名前は、「屈強君」です。

サルトル先生　それはいいわね！

新しい君は、どんな結果を出せるのか？

サルトル先生　次に、新しい自分がどんな結果を出すか、を考えます。野口君、君は、今日から「屈強君」として生きるんだったね。じゃあ、屈強な野口君なら、どんな結果を出せる？

野口君　試合に勝つ！

サルトル先生　試合に勝つためには、どうすればいいと思う？

野口君　練習をもっとする。

サルトル先生　そうね。でも「もっと」って、具体的にどんな練習をどれくらいの量するの？

野口君　素振りを毎日100回。毎朝3キロ走る。筋トレをする。練習じゃないけど、みんなで、どうすれば強くなるか話し合う……といったところかな。

サルトル先生　じゃあ、今言った、結果を出すために自分が「やる」と決めた行動を忘れないようにノートに書いて。

山内君と野口君　はい！

サルトル先生　書き終わりましたか？　新しい自分はいつから始めるの？

山内君と野口君　今日から始めます！

サルトル先生　じゃあ、次回、自分がどんなふうに変わったか報告してください。

山内君と野口君　わかりました！

「誰として生きるか」が自分を勇気づけてくれる

山内君　でも、どんな自分かを決めることに何か意味があるんですか？

サルトル先生　もちろん！　今まで、君たちは、「誰として生きるか」を決める前に、目標を決め、それに向けての行動を決めてきたでしょう。

たとえば、「甲子園に行きたい」という目標を決め、そのために「こんな練習をしよう」と行動を決めてきたと思う。自分が「誰として生きるか」は、たぶん多くの人が無視してきた。

けれどね、本当はここがいちばん大事なの。なぜなら、「誰として生きるか」ということが、人として生きていく上での軸になるから。その**軸がいつも自分を勇気づけてくれる。**

たとえば、山内君は「ミラクル君」として生きるんだったよね。山内君が試合でノーアウト満塁のピンチになったとしても、「大丈夫。僕はミラクルを起こせるんだ」と信じていれば、自分の中からパワーが湧いてきて、続く3人を三振に切ってとることができるはずです。

山内君　たしかに、「ミラクル君」になったとたんに、強豪校の４番バッターの顔を思い浮かべても、怖くなくなりました。

野口君　「誰として生きるか」を先に決めないとどうなるんですか？

サルトル先生　軸の部分がないから、へこたれやすくなってしまうでしょうね。

2週目

毎日自分を完了させると、いつも「今」にいやすくなる

サルトル先生　2人とも「誰として生きるか」を決めてから、何か変わりましたか？

山内君　この間、甲子園に何度も出場している強豪校のQ校との練習試合があったんですが、9回1死満塁のピンチをゲッツーで打ち取り、勝ちました。Q校に勝つのは初めてです。まさにミラクルです。

サルトル先生　ピンチのときはどんな感じだった？

山内君　心の中で「ミラクルな山内」「ミラクルな山内」と何度も唱えました。体は熱いんだけど、頭の中は冷静で、「今」のことだけに集中できた気がします。

サルトル先生　そう、試合でも、練習でも、日常でも、いつも「今」にいることが大

事です。「今」にいるようにすれば、過去の失敗に引きずられないからです。「今」を生きるためには、自分の中を「引っかかりのない状態」にしておくこと。気になっていることは、ちゃんと完了させておく必要があります。

山内君　完了ですか？

サルトル先生　そう、完了です。

今はもう日が落ちかかっていますが、今日ここまでで気になっていることはありますか？

野口君　走り込みの練習が、僕だけ終わっていません。

サルトル先生　それはなぜですか？

野口君　母親から急ぎのＬＩＮＥが来て、やりとりをしているうちに、走り込みの時間が終わっていたんです。

サルトル先生　どうしますか？　これからやるのですか？

野口君　いえ、暗い中で走り込みをするとケガにつながるので、やりません。明日にします。

サルトル先生　明日のいつやりますか？

野口君　朝やります。いつもの倍を走ることにします。

サルトル先生　ほかに今日、気になっていることはありますか？

山内君と野口君　ありません。

サルトル先生　じゃあ。以上で今日は完了ですね。

山内君　はい。でも、どうして、ちゃんと一日を完了させないといけないのですか？引っかかりのない状態にしなければいけないというのは、なんとなくはわかるのですが。

サルトル先生　**気になっていることを未完了のままにしておくと、それがいつまでも無意識の中に残ります。**すると、数日経ってから、ふいに意識の中に現れてきます。

集中して事に当たらなければならないときに「この間のカフェオレ、ぬるかったわ。まったく！」ということが浮かんでくると、それが負のエネルギーになります。その結果、「今」にいることができなくなるのです。

もちろん、すぐに完了できないこともあるでしょう。その場合は、頭の中に「保留ボックス」（56ページ）をつくり、そこに入れておけばいい。

気になっていることをそのまま放置しておくと、思いがけないときにそれが顔を出し、あなたの邪魔をしようとします。やりかけの宿題をデスクの上に置きっぱなしにしていると、いざというとき作業スペースがない！　ということになりますよね。そうならないためにも、やりかけのことや気になることは、おさめるべきところにおさめておく必要があるのです。

野口君　なるほど。気になることは、ノートに書き出したりしたほうがいいですか？

サルトル先生　そうするのもいいですね。日記をつけるのもいいです。

自分の欠点も明らかにすると力になる

野口君　サルトル先生、質問があります。僕たち2人、それぞれウィークポイントがあります。緊張しやすいとか、パニックになりやすいとか。それはやっぱり直したほうがいいんですか？

サルトル先生　いい質問です。結論からいえば、無理に直さなくてＯＫ。人生には明るいところもあれば、暗いところもあります。

誰でも、「暗」は避けたい。しかし、起きてほしくないことは、いやでも人生に現れます。けっして避けることができません。にもかかわらず、こうした「暗」をないものにしたいのが人間です。

でも、「暗」があるからこそ、パワーが生まれる。在るもの（＝実存するもの）を無いもの（＝実存しないもの）にしようとすると無理が生じます。「在るものを在るものにする」ことがパワーの源。つまり、隠したいことも、明らかにしたほうがいいということです。

野口君　じゃあ、ウィークポイントは隠さないほうがいいということですか？

サルトル先生　そうです。「暗」とは、ダークサイドのこと。影ともいいます。マイナスのこととして、人生に存在しています。

あなたたちの「暗」は、どんなものですか？

山内君　一度失敗したら「次もかも」と不安がよぎる、イラっとすると露骨に態度に表れるところかな。

野口君　バッターボックスに立つと極度に緊張する、うまくいかないと周囲に当たる、ケガをすると焦って無理をし結局長引く、という点だと思います。

サルトル先生　みんなダークサイドを持っているのね。

宇宙のすべては、相反するものが常に一対となって存在する。電池はプラスとマイナスがあって機能します。電球も点《つ》いたり消えたりすることで機能する。人間は息を吸って吐いて生きていますね。人間も宇宙の一部です。

そして人間は、明るいところと暗いところ、長所と短所があって、両者のバランスで生きています。けれども、人間の思いや感情だけは、ダークサイドを嫌います。

山内君　なぜ、嫌うんですか？

サルトル先生　人間にとって望ましくないこととして存在してきた「暗」は、長い歴史の中で人間によって無いことにされ、無意識の中に封じ込められてきました。

でも、無意識の「暗」を意識化すれば、動じない自分を創作することができます。

それには、イヤなこと、不快なこと、望ましくない状況などを、避けたり、無いことにするのではなく、在ることとして存在させるのです。それが意識化ということです。

電池は「プラス」と「マイナス」があって電球が点く

ワイングラスは「ない」と「ある」ですべて

人間は「吸って」「吐いて」生きている

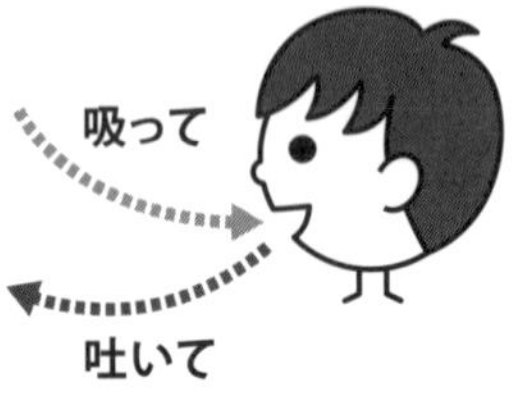

明（光）と暗のバランスをとって生きる

サルトル先生　「明」（光）が強いと、「暗」も強くなります。明るければ明るいほど、影が強くなり、暗くなり、闇になる。

しかし、その逆もいえます。つまり、「暗」が大きい人は、それだけ「光」の部分も強く持っている。大きな「光」で、自分のことも他人のことも包みこめるのです。**自分や他人の「暗」に直面しても、それを受け入れて、許し、包みこめば、楽しい、喜びの人生が可能になります。**明るいほうだけに注意を払って生きていると、バランスをとるために、必ず暗いほうが出てきます。

野口君　どんなときに暗いほうが出てくるのですか。

サルトル先生　試合中、意気揚々とバッターボックスに立っているときに、相手チームの応援団から、「へぼ！」「お前なんか引っ込め！」と野次を飛ばされたときなどですね。急に、いつもフタをしていた、「俺は緊張すると失敗するんだ」という暗い部分が出てきたりする。そうなると、「俺は、失敗するから何とかしなければ」という

光が強いと影も濃い

光が弱いと影も薄い

ほうにばかり気をとられて、今にいられなくなるのです。

別の言い方をすれば、「在ること」を在ることにする、不安や心配があれば、それを「在ること」にするのです。イヤなことは在るのに「無いこと」にしがちですが、無意識の中には在るのです。そして、実際には無いことで、在るのは、現実に起きていることだけで、その無いことだとわかれば「暗」を包みこめるのです。

野口君　どうすれば、「暗」も包みこめるのでしょうか。

サルトル先生　観察をすることです。無意識を意識化するには、観察して包みこむこと。日頃から良いところも、悪いところも、両方あってよし、とするのです。悪いところを無理に直そうとしないことです。

物事を達成させるには、アップサイド（上向きの気持ち）とダウンサイド（下向きの気持ち）の両方が必要です。ダウンサイドを包みこむとダウンサイドのパワーも達成に向かいますが、ダウンサイドを何とかしようとしてアップサイドのパワーを使うと、両方のパワーが向かないので、達成しません。

暗を包みこむことができると、人生に達成感が創作されていきます。常に人生に参加し、自由に生き、自分で責任をとるのが人生です。

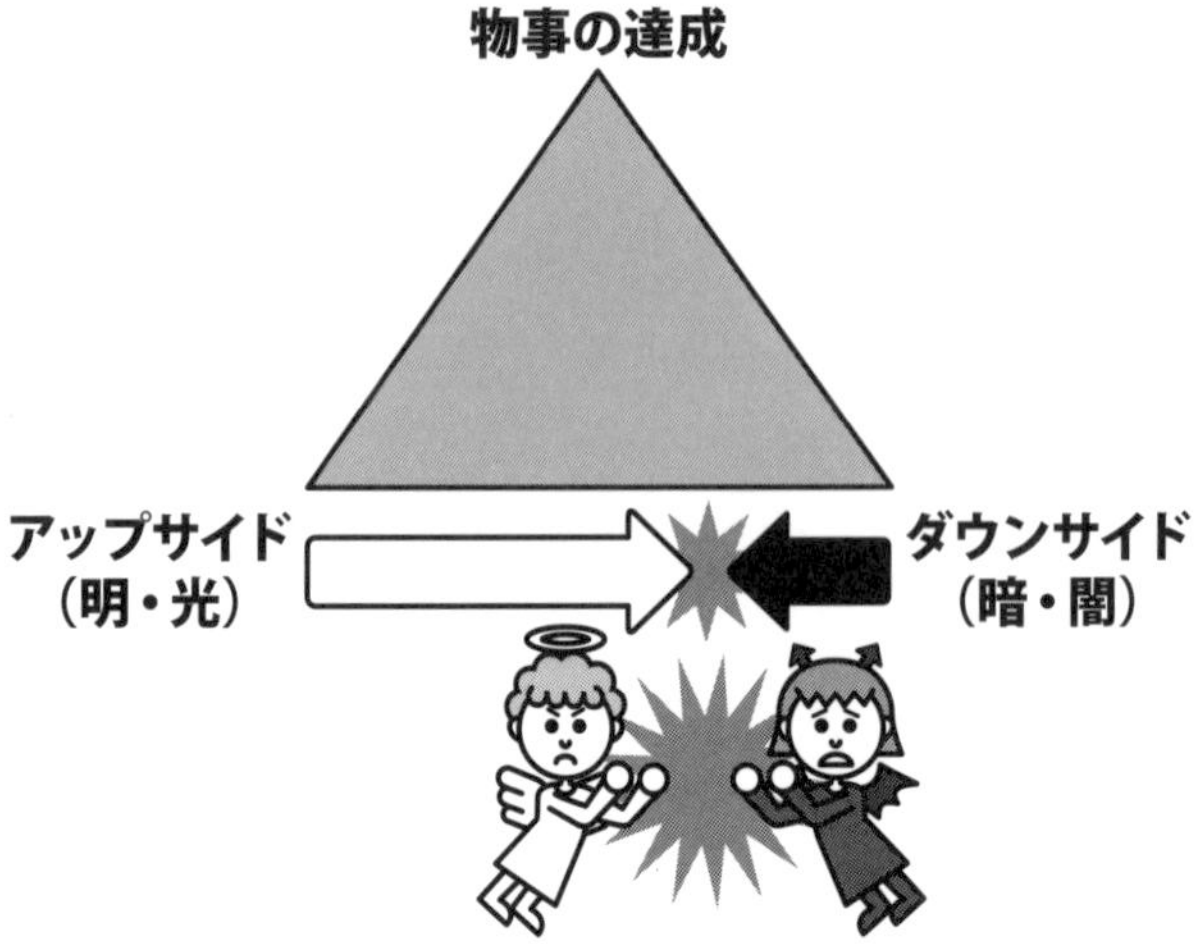

人は、ダウンサイドを何とかしようとしてパワーを使う

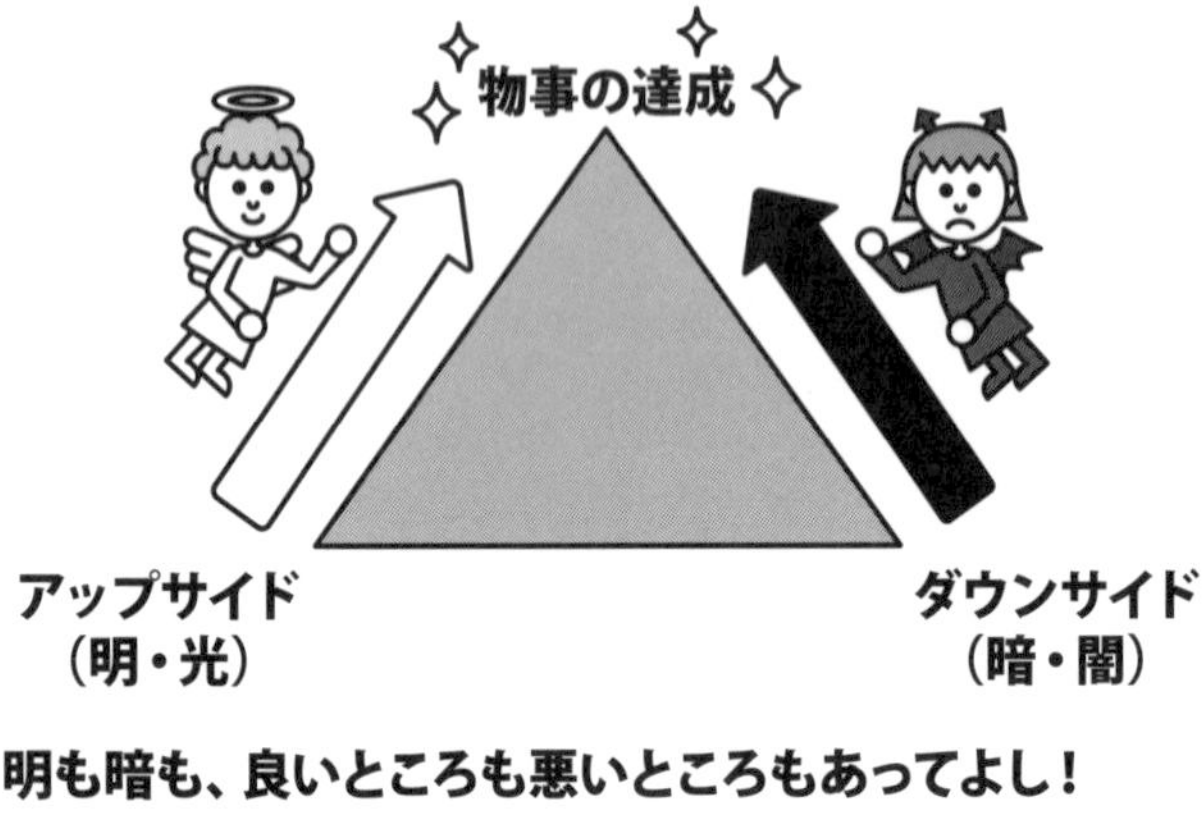

明も暗も、良いところも悪いところもあってよし！
とすると、物事の達成に両方のパワーが向かう

3週目　自分を勇気づける言葉を心に刻んでおく

サルトル先生　いよいよ来週から夏の甲子園の地方大会が始まりますね。今日は、最後の授業です。

私から2人に伝えたいことは2つです。

1つ目は、自分で自分を勇気づける言葉を見つけ、それを心に刻みこんでおいてほしい、ということです。

山内君　どんな言葉ですか？

サルトル先生　たとえば、「大胆に攻めろ」「ピンチこそチャンス」「僕に怖いものなどない」など、これを唱えれば修羅場《しゅらば》も切り抜けられそう、という強い言葉です。

言葉の力は強いので、いざというときパワーを発揮してくれます。試合でピンチに直面したら、その言葉を前に投げる、すなわち口に出します。きっと、あなたたちの強い味方になって、勇気を与えてくれることでしょう。

本や漫画、あるいは、好きな選手の言葉などから、必ず見つけておいてください。

勝てばみんなのお手柄、負けたらみんなの責任

サルトル先生　2つ目は、一人ひとりが責任を持って生きてほしい、ということです。

責任というと、どうしても重くのしかかるマイナスのイメージがあります。でも、自分たちが置かれた状況は、「すべて自分が選んだ」ものであることを意識し、自分が選んだ以上、自分に責任がある、と考えれば、プラスに捉えることができます。そうすることで、どんな状況にも対応する力を身につけることができるのです。

仮に、試合に負けていたとしても、誰が悪いわけでもありません。「すべては自分が源」として考える。その状況は、自分がつくったことなのです。

野口君　ベンチにいて、試合に出ていない部員にも責任があるということですか？

サルトル先生　もちろんです。自ら選んで野球部に入った以上、どんなポジションにいようと一人ひとりに責任があります。

応援する人は、応援をがんばる。バッターは、バッティングでがんばる。ピッチャーは、ピッチングでがんばる。一人ひとりがそれぞれの役割を果たし、一つになって戦うことが大事です。勝てばみんなのお手柄だし、負けたらみんなの責任です。そのことを忘れずに、試合に臨んでください。

「今」だけに集中せよ

山内君　先生のおっしゃることは、頭では理解できるんですが、誰かがエラーをして点をとられたとしたら、その選手の責任だと考えてしまいそうです。

サルトル先生　ふつうはそう考えてしまうでしょうね。無理もありません。

けれど、「今」に集中していれば、誰に責任があるかなど考えている余裕はないはずです。エラーしたことは一瞬で過去の出来事になります。試合中にいちいち過去を気にし、本人だけでなく、選手全員がエラーのことに目を向けていて、それで勝てると思いますか？

山内君　……。

サルトル先生　試合中は、いちいち誰々のせいと考えたり、落ち込んだりしないこと。**落ち込む前にやることがあります。**今に目を向けてください。今は目の前にあるのです。

点をとられるたび、ガックリ落ち込んだほうがいいのか。それとも、「点をとられたことはとられた。でも、それは過去のこと。今、ヒットを打って点をとろう」と考えたほうがいいのか。あなたはどちらですか？

山内君　「点をとろう」と考えたいです。

サルトル先生　そうですね。もし、エラーをして相手に1点とられたら、こちらは2点とればいいだけの話です。過去から現状を見るのではなく、「今」だけに集中するのです。

常に「今」を生きてください。そうすれば、エラーなど気になりません。試合中に大切なのは、一人ひとりが一瞬一瞬、本当に自分のやるべきことをしっかりやることです。

山内君　本当にやるべきこと？

サルトル先生　バッターだったら、ヒットを打つ。エラーした外野手は、エラーしたことを水に流して守りに徹する。ピッチャーは、点をとられたことをすぐに水に流して投げ続ける、ということです。

全員がひとつになって戦うことが大切

サルトル先生　ほかに、何か不安に思うことがありますか？

野口君　試合中に緊張してパニックになってしまったら、どうすればいいですか？

サルトル先生　ここまでお話ししてきたことを行動に移していけば、緊張はしないはずです。

それでも、もし緊張しそうになったら、「自分が誰であるか」を思い出してください。野口君だったら「屈強な野口」という軸に戻るのです。そして、いつも、今だけを考える、今だけを生きるようにしましょう。

もし、チームの誰かが「〝今〟にいない。緊張している」と感じたら、みんなで「お前は誰として生きているんだ」「勇気ある自分だろう！」などと声をかけてあげてください。きっと緊張がほぐれて、いつもの自分を取り戻すことでしょう。

監督さんをはじめ、選手、マネージャーさん、応援団の人たち全員が力を出し切り、ひとつになって戦ったと思えたなら、それは、みなさん一人ひとりが、試合の勝ち負け以上のかけがえのないものを得たということです。

がんばって！　先生も応援しています。

――翌週から始まった甲子園行きを決める県の大会で、チームは1回戦、2回戦と順調に勝ち抜いた。

そして迎えた決勝戦は、7回を終わって2対7と5点のビハインド。あと2回で5点差を跳ね返すのは難しいと誰もが思った。

しかし、8回に「屈強な野口」君が打った二塁打を皮切りに2点差まで追いつき、最後は「ミラクルな山内」君が逆転サヨナラ3ランホームランを放って、試合を決めた。

こうして、チームはまさにミラクルによって、30年ぶりに甲子園出場の切符を手に入れた。

サルトル先生の授業のポイント

過去は過去。新しく「誰として生きるか」を決める。
明と暗のバランスをとって生きる。

コラム7

ジャン＝ポール・サルトル、最後の日

ジャン＝ポール・サルトルは、コラム5で述べた通り、ノーベル文学賞を辞退していています。当時すでに世界的な名声を得ていた彼は、精力的に執筆を続け、政治活動にもますます力を入れていました。

しかし、60代の後半になると、次第に体力が衰えていきました。1973年には、軽い心臓発作を起こし、活動の制限を余儀なくされます。

サルトルは、子どもの頃にインフルエンザをこじらせ、その合併症により右目の視力をほぼ失っていました。心臓発作のあとは高血圧が続き、左目に眼底出血を起こして、ついには両目がほとんど見えなくなってしまったのです。

若い頃からずっと続けてきた読書も、執筆もできなくなりました。

それでも、集会や討論会には足を運び、自分が支持する団体や活動を擁護しました。自分の立場を明らかにし、さまざまなメッセージを発信し続けたのです。

1980年4月、サルトルは、哲学者ベニ・レヴィとの対談『いま、希望とは』を発表しました。

その中でサルトルは、「生きていく以上、希望をつくり出さなければならない」というメッセージを残しています。その対談発表からわずか2週間後の4月15日、サルトルは肺水腫のためこの世を去りました。74年の生涯でした。

サルトルの死から4日後、葬儀が行われました。彼は生涯結婚をせず、子どももいませんでした。晩年、サルトルに寄り添ったのは、ボーヴォワールと、養女アルレット・エル・カイムの2人です。しかし、決して寂しい葬儀ではありませんでした。

サルトルの亡骸《なきがら》を乗せた車は、彼がいつも書斎代わりにしていたカフェの前を通り、セーヌ川左岸の地区、カルチェ・ラタンへと進み、モンパルナス墓地に向かいました。通りには人があふれていました。サルトルの悲報を聞いた5万人もの市民たちが集まっていたのです。彼らは、サルトルの乗った車とともに通りを進み、その死を悼みました。

葬儀を取り仕切る人が「家族の方、前へ出てください」と言うと、ひとりの女性が、こう叫んだといいます。「私たちみんなが家族です」と。

市民に愛されたサルトルらしい人生の幕引きとなりました。

あとがき
なぜ、今、サルトルなのか

ここまで読んで、あなたは自分の中に何か変化を感じられたでしょうか？

プロローグにも書きましたが、ジャン＝ポール・サルトルは、「人間は自由。自分の本質は自分でつくりなさい。それが真の人生だ」というメッセージを人々に投げかけました。

本書には、自分の本質を自分でつくることができるよう、サルトルらしい問いかけを、ふんだんにちりばめてあります。心を動かされた箇所があれば、何度も読み返し、自分に問いかけて、答えを考えてみてください。

そして、あなたらしい人生をつくっていただきたいと思うのです。

何も考えずに生きていた25歳まで

さて、最後になりましたが、私自身のことを少し紹介させていただきます。

私は1964年、東京・世田谷で生まれました。その後、家族で引っ越した山形で育つことになります。

父は大工で、母は父の仕事を手伝っていました。家には5歳離れた姉が1人と、祖母がいて、5人で暮らしていました。

母は、小さいころの私を、物静かで育てやすかった、と言います。

「おまえは、いつも一点を見つめて何かを考えていた。実際に何かを考えていたかどうかわからないけれどね。笑っていた記憶はあまりない。そういえば、笑っている写真がないね」

父の教えは二つだけでした。

一つ、返事は「はい」。二つ、知らない人でもあいさつをすること。うちは商売をしているから、街の人はお前のことを知っているかもしれないから、と。

母の教えは一つだけ。

廊下にモップをかけてから遊びに行くこと、以上。ときには、トイレと玄関の掃除を命じられることもありました。掃除をやらないと怒られましたが、それ以外に怒られた記憶はありません。


小学生のころ、魔法の学校に通っている夢をよく見ました。夢の中でずっと魔法の勉強をしていたせいか、朝目が覚めるとぐったりと疲れていて、学校に行くことができませんでした。

そのことを母に言うと、

「もうお勉強したんだから、休みなさい」

小学校を休んでも、勉強をしなくても、何も言われませんでした。むしろ、父は何をやってもよく褒めてくれました。そんな愛情に包まれて育ったので、成績は良くもなく悪くもなく全くもって普通でした。

一流企業への就職率が高いことで有名な地元の商業高校に入り、卒業後は、東京の証券会社に就職。それなりに仕事をこなしていましたが、ある日、上司から外資系の証券会社に誘われて、転職。そこでもずば抜けることなく、平凡に仕事をしていました。

ひとりの女性との出会いで人生が変わっていくことに

25歳のある日、人生を変える出来事がありました。

1989年。昭和天皇が崩御《ほうぎょ》され、当時官房長官だった故小渕恵三氏が「平成」の文字を掲げました。

「明るい平和な世の中から、今後は、平らに成るんだ」と文字を見て思ったその年、それまで思いもしなかった人生を歩き始めることになったのです。きっかけは、同僚から誘われて参加したある勉強会でした。

会場では、壇上で50歳くらいの女性が、200～300人くらいの参加者に向かって話をしていました。医師の資格をもっているとのことでした。

この女性が言いました。

「あなたは誰？」

「何をしたいの？」

「何のために生きているの？」


えっ、それって何？

大勢の聴衆がいるのに、なぜか私だけに話しているように聞こえたのです。話しぶりが、あまりにもいきいきとしていたからかもしれません。

あとで年齢を聞いてみると、60歳の手前。

私は60歳になったとき、こんなふうにいきいきしていられるだろうか？

直感的に、「この人のようになりたい」と思いました。

私は、彼女が登壇するすべての講座に出ることにしました。彼女の一言一句聞き漏らさず勉強したかった。そして、勉強を通して「自分が誰か」も知りたかった。

この女性こそが、プロローグでお話しした「大先生」です。

私が人生について勉強し始めてまもなくの11月、また社会が大きく変わりました。

ベルリンの壁の崩壊です。

ついこの間、「世の中が平らに成る」となったばかりで、今度は、「東と西が一つ」になった。これは、「東洋と西洋が一つになる」「人間が一つになる」というサインだ。そんな思いがしたのを、よく覚えています。

「世の中が大きく変わろうとしているなかで、自分はどう生きていけばいいんだろう」――自分自身への興味がふつふつと湧いてきました。

その後も人間についての探求に取り組み、15年が経った41歳のとき、思いました。これまで学んだことを活かしたい、そして、そのままの自分で自分らしく自由に生きる可能性を提供したい――その思いから、株式会社アイプラスを現社長の伊藤裕子とともに立ち上げました。

そのさらに10年後の2015年、自分の使命を全うしたい、120万人の人に「個の発展」を提供したい、という思いから、50歳になったときにもう一つの会社「一般社団法人アイアイ・アソシエイツ」を立ち上げたのです。

「自分らしさ」とは自ら創作していくもの

前出の大先生の話をもう少ししたいと思います。

私が今、ここにたどり着いているのは、大先生の教えのおかげです。彼女の教えに導かれて、ここまで来ることができました。

大先生は、アメリカ国籍の日本人女性です。

アメリカで医師として活躍していましたが、人生を変えるプログラムと出合い、それを日本人にも知ってほしいと、医師をやめて日本に帰国したのです。私にとって、そんな経歴の女性に出会えたことが奇跡でした。

30年余りアメリカに住んでいた彼女は、その間、日本語をほとんど話さず、帰国したときは日本語を忘れかけていたほどだったといいます。アメリカで学んだことを日本で広める際には、あらためて日本語を勉強し直したそうです。

そのせいか、彼女の話す日本語は、とてもやさしい言葉づかいで、説明も実に丁寧でした。

難しい哲学や面倒な心理学の世界も、彼女の説明を聞いているととても理解しやすかったのです。

もし彼女の日本語が流暢《りゅうちょう》だったら、今の私はいないでしょう。勉強にも、本を読むことにも、興味のない人間になっていたと思います。

大先生から学んだサルトルの哲学が、「そういえば、私は、小さいころから想像すること、創作的な思考が大好きだった」ということを思い出させてくれました。

そして、自分のやりたいことは、「自分が自分らしく生きる」ことを人々に提供することだと気づかせてくれたのです。

人間は誰でも、「その人として天才」であり、その人らしく生きることが満足や達成、喜びにつながり、いきいき生きることができるのです。

ただ、それを知らないだけ。

それが可能であることをお知らせすることが、私の仕事だと思っています。

私の人生を変えたサルトルの哲学を紹介することで、この本を読んだ方が、自分の天才性に気づき、何かにチャレンジしたい、何かを知りたいという気持ちにつながることを願っています。

特に現代は、今、自分が誰なのか、どうすれば自分らしく生きられるのかがわからずに、戸惑っている人が多くいます。そういった人たちに、この本が、「自分らしさは自分で創作するもの」ということをお伝えできれば幸いです。

そしてサルトルに興味が湧いてきたら、彼の著作もぜひ読んでみてください。特に『実存主義とは何か』『嘔吐』『存在と悪』の3冊はおすすめです。

どうか、自分らしく生きてください(^^)/

＊

最後にこの本の発行に関わってくださったすべての方々に感謝を申し上げます。

特に、光文社の森岡純一さま、クロロス・小川真理子さま、プロデューサーの山本時嗣《ときおみ》さま、アイアイの仲間の佳世さん、純代さん、そしてアイアイ・アソシエイツの仲間たちの皆さんです。皆さんなしでは何もできませんでした。ありがとうございました。

そして、出会いから30年、「個の発展」の仕事を一緒に生きてくれたパートナーの伊藤裕子、いつでもどこでもすべてを許しサポートしてくれた夫の堤眞也、私を産んで育てくれた両親に、心から感謝を言いたい。

「ありがとう、愛しています」

Be Happy!

Kumiko

本書ご購入の方に特別プレゼント！

左のＵＲＬより「購入者特典」を選択し、手順に従ってダウンロードしてください。

https://ii-universe.com/sartre935

（※プレゼントは終了することがあります。あらかじめご了承ください）

【参考文献】

『実存主義』松浪信三郎　岩波新書　１９６２
『サルトル全集〈第13巻〉実存主義とは何か』
　J‐P・サルトル（著）、伊吹武彦（訳）人文書院　１９５５
『図説　あらすじでわかる！サルトルの知恵』永野潤　青春新書インテリジェンス　２０１１
『図解雑学 サルトル』永野潤　ナツメ社　２００３
『90分でわかるサルトル』
　ポール・ストラザーン（著）、浅見昇吾（翻訳）　WAVE出版　２０１４
NHKテレビテキスト　サルトル『実存主義とは何か』(100分 de 名著)
　海老坂武　NHK出版　２０１５
『みんな好きで一緒になった』小南奈美子　ポプラ社　２００９
『Namiさんからのラスト・メッセージSQ 真の自己を生きる　～あるがままでOK！～』
　小南奈美子・大久保忠男（著）、神崎典子（編集）　プロア　２０１５
『Namiさんのネーミング子育て』小南奈美子　オンブック　２００８

堤 久美子（つつみくみこ）

一般社団法人アイアイ・アソシエイツ理事長。ソウルリレーションデザイナー、家族関係心理士。
外資系証券会社で働くOLだったあるとき、哲学・心理学・医学の大家に出会い、15年間薫陶を受け、2005年、株式会社アイプラスを設立し独立。その後も多岐にわたり教育を受けつつ、個人向け、企業向けの教育の分野に携わり、また家族関係心理士として不登校の子どもたちのためにフリースクールにも関与する。2009年より、日本の調和した愛と内なる平和を源とした、個人の天才性を発揮する教育プログラム「アイアイ講座」を提供。2015年に「一般社団法人アイアイ・アソシエイツ」を立ち上げ、現在は120万人「個の発展」をヴィジョンに掲げ全国に展開中。会員は法人設立3年で2000名を超えており、現在までにのべ2万人に講座、講演、セミナーを行っている。

■アイアイ・アソシエイツ公式ページ
http://ii-associates.com
■堤久美子公式ブログ
https://ameblo.jp/kumiko-ii/

超《ちょう》解《かい》釈《しゃく》 サルトルの教《おし》え

人《じん》類《るい》最《さい》強《きょう》の哲《てつ》学《がく》者《しゃ》に学《まな》ぶ「自《じ》分《ぶん》の本《ほん》質《しつ》」のつくり方《かた》

2018年7月30日　初版第1刷発行

著者　堤久美子

発行者　田邉浩司
発行所　株式会社　光文社
〒112-8011　東京都文京区音羽1-16-6
電話　編集部 03-5395-8172　書籍販売部 03-5395-8116　業務部 03-5395-8125
メール　non@kobunsha.com
落丁本・乱丁本は業務部へご連絡くだされば、お取り替えいたします。

組版　半七写真印刷
印刷所　半七写真印刷
製本所　フォーネット社

ISBN978-4-334-95039-2